일 러 두 기

　펜을 잡을 때는, 펜대 위에 인지(人指)를 얹고 종이의 면에 대하여 45°~60°정도로 잡는 것이 가장 좋은 자세입니다.

　한자(漢字)에는 해서체(楷書体)·행서체(行書体)·초서체(草書体)가 있고, 한글에는 한글 특유의 한글체가 있으며 이 모두는 각기 그 나름의 완급(緩急)의 차가 있으며, 경중의 변화가 있습니다. **해서체는 50°~60°의 경사 각도**로 쓰는 것이 좋으며, 행서체·초서체·큰 글씨가 될수록 경사 각도는 50° 이하로 내려 갑니다. 45°의 각도는 손 끝에 힘이 들지 않는 각도이며, **평소에 펜 글씨를 정확하게 쓰자면 역시 50°~60°의 경사 각도로 펜대를 잡는 것이 가장 알맞는 자세**라　할 수 있습니다.

❋ 펜을 쥐는 각도

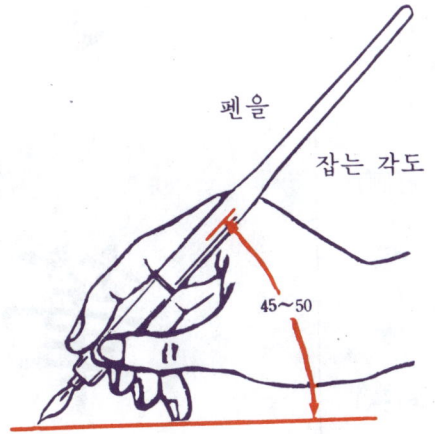

펜을
잡는 각도

45~50

펜을 잡을 때는, 펜대 위에 집게손가락을 얹고 종이의 면에 대하여 **45°~60°**　정도로 잡는 것이 가장 좋은 자세입니다.

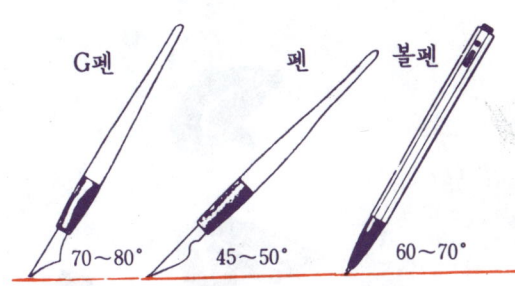

G펜　　　펜　　　볼펜

70~80°　　45~50°　　60~70°

G펜　　　　스푼펜　　　　스쿨펜

❋ 용구에 대하여

① **펜촉**—펜촉은 그 종류가 많지만, 대체로 필기용으로 쓰이는 것은 G펜·스푼펜·스쿨펜·활콘펜 등이 있으나, **스푼펜**은 끝이 약간 둥글어 종이에 걸리지 않기 때문에 사무용으로 널리 애용되며, 펜글씨에 가장 적당한 펜촉이라 할 수　있습니다.

② **잉크**—잉크는 보통 청색과 적색을 많이 쓰며, **연한 색보다는 약간 진한 색**이 선명하여 보기에 좋습니다.

漢字의 筆法

한자를 습득함에는 그 기본이 되는 점획을 공부하고 이를 짜서 글자를 만드는 결구를 하여야 한다. 한자는 여러가지 점획이 있는데 永자는 기본이 되는 점을 다 갖추고 있어 서예의 기본이 되므로 영자 팔법(永字八法)이라고 한다.

◉ **영자 팔법**(永字八法)

영자 팔법은 『永』자 속에 있는 여덟 가지의 기본 점획을 말한다.

① 측(側)은 모든 「점」의 기본이며, 가로 눕히지 않는다.
② 늑(勒)은 가로 긋기이며 수평을 꺼린다.
③ 노(努)는 내려긋기이며 곧바로 내려 힘을 준다.
④ 적(趯)은 갈고리이고 송곳같은 세력을 요한다.
⑤ 책(策)은 지침이며 우러러 거주면서 살며시든다.
⑥ 약(掠)은 삐침으로써 왼쪽을 가볍게 흘겨 준다.
⑦ 탁(啄)은 짧은 삐침으로 높이 들어 빨리 삐친다.
⑧ 책(磔)은 파임이고, 고요히 대어 천천히 옮긴다.

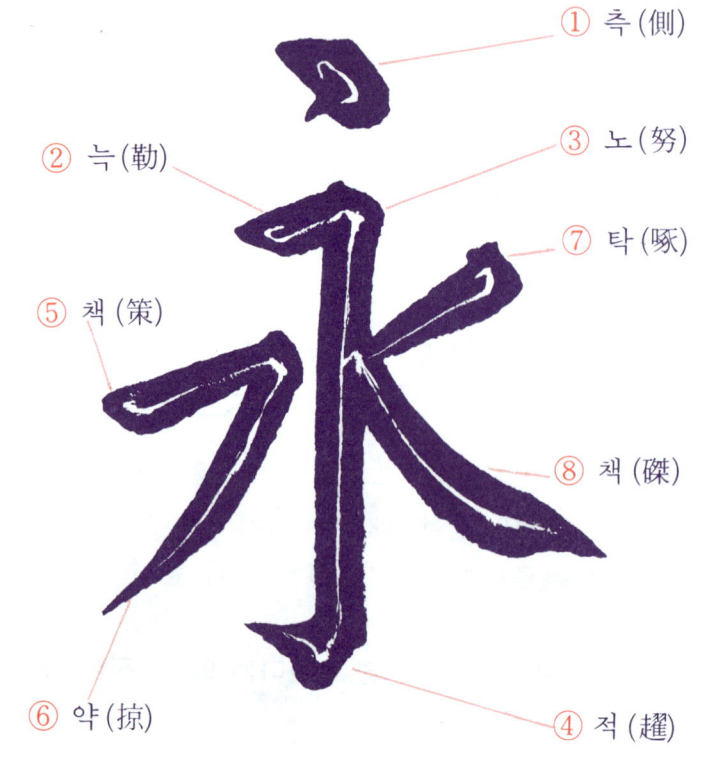

① 측(側)
③ 노(努)
⑦ 탁(啄)
② 늑(勒)
⑤ 책(策)
⑧ 책(磔)
⑥ 약(掠)
④ 적(趯)

漢字의 筆順

◉ 특히 주의해야 할 차례.

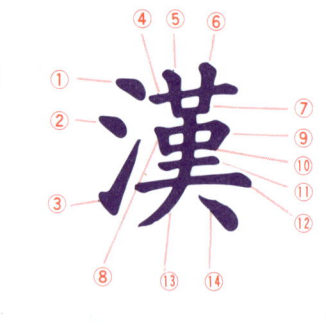

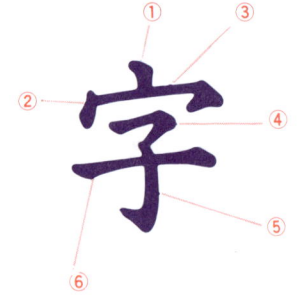

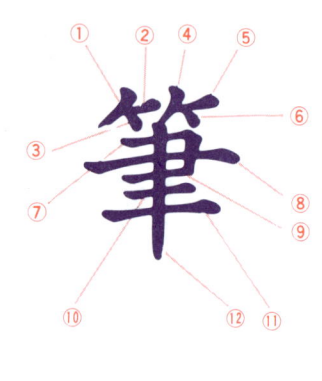

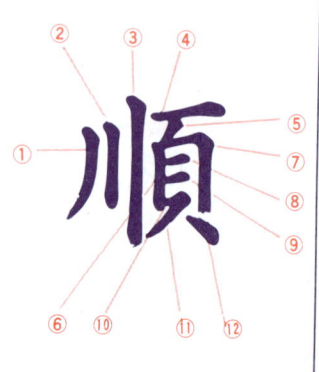

漢字의 基本 點劃

＊漢字는 點劃이 모여서 結字가 되느니만큼 그 點劃의 基本性格을 파악하여 익혀보자.

측 점 (側點)		左上에서 右下로 지긋이 비틀어 눌렀다가 左下로 되돌아 오면서 짧게 삐친다.	화 략 (火掠)		※ 목략(木掠) 참조 중심을 유지하여 가다가 꺾지 말고 휘어서 서서히 左下 약 45°로 삐친다.
심 점 (心點)		1. 右上에서 左下로 눌러 머문다. 2. 左上에서 右下로 눌렀다가 右上으로 든다. 3. 左上에서 右下로 눌러 머문다.	탁 (啄)		펜을 착필하여 左下로 좀 빠르게 가볍게 삐친다.
늑 (勒)		펜을 착필하여 가볍게 서서히 수평보다 우측을 약간 위로 가서 끝을 머문다.	책 (磔)		가벼운 착필로 시작, 점차적으로 힘을 주어 점차적으로 힘을 빼어 재친다. 그 경사도는 45° 정도면 된다.
노 (努)		펜을 착필하여 수직으로 천천히 내려와서 끝을 머문다.	구 로 (句努)		이 획은(勒, 努, 趯) 획을 합한 획이다. 勒劃의 右端에 이르러 右下 135°로 약간 내려왔다가 다시 되돌아가서 아래로 서서히 움직인다.
적 (趯)		펜을 움직이는 요령은 위(努劃)와 같이 하고 끝을 左上 45°로 가볍게 삐쳐 올린다.	부 아 (浮鵝)		이 획은 다른 획보다 더욱 천천히 움직인다. 1의 위치에서 모가나지 않게 주의하고 2에 이르러 위로 정확히 삐친다.
책 (策)		펜을 착필하여 (약간의 힘을 준다) 右上을 向하여 빠르게 삐쳐 올린다.	답 구 (搭句)		노획과 책(策) 획의 성질을 생각하라. 努劃의 하단에 이르러 右上 약 55°로 가볍게 삐친다.
목 략 (木掠)		掠劃의 성질은 착필하여 마칠때까지 펜이 서서히 따라가서 끝을 삐친다.	보 개 (寶蓋)		左측 점과 접속되는 부분에서 사이가 뜨면 안된다. 勒劃의 右端에 이르러 펜을 右下 135°로 약간 내려왔다가 되돌아 올라가 左下로 삐침.
월 략 (月掠)		※ 위 참조. 모양은 위와 다르나 그 성질과 요령은 동일하다.	유 어 (遊魚)		점을 찍고 점을 향해 비스듬히 올려꺾어 비틀어서 왼쪽 아래로 짧게 따라가 다시 右下로 가볍게 점차적으로 힘을 주었다가 재친다.
금 략 (金掠)		※ 위 참조	예 어 (曳魚)		점선과 같은 요령으로 하되 위의 획(遊魚)과 성질이 같다.

이름	획	설명	이름	획	설명
색 구 (色句)		가로는 勒과 동일하며 상부관절에서 펜을 천천히 움직여 휘어서 左上으로 삐쳐 올린다.	현 침 (懸針)		펜을 움직이는 방법은 努획과 동일하나 끝을 삐친다.
비 안 (飛雁)		左上에서 右下로 휘어서 내려가되 두드러지게 휜 것이 나타나지 말도록 右上을 向하여 짧게 올려 재친다.	수 점 (竪點)		左上 45°에서 꺾어 수직으로 짧게 삐쳐내린 점이다.
봉 시 (鳳翅)		勒에서 그칠 때는 엄격한 각이 나게 하고 1의 부분이 점선에서 약간 右로 나왔다가 右上으로 쳐 올린다.	구 형 (口形)		첫째획이 中下로 간다. 첫째획과 둘째획이 벌어지지 않도록 하고 위는 넓어도 아래는 좁고, 두 세로획은 상대적이다.
자 구 (子句)		착필하여 가볍게 들어 관절에서 힘을 주었다가 左下로 삐치는듯 다시 가볍게 오른쪽으로 휘어서 左上을 向하여 재쳐 올린다.	사 간 (糸間)		점선에서 오른쪽으로 나가지 않도록 하고 1은 크고 2의 모난 곳이 1의 모난 곳과 수직선으로 보아 왼쪽으로 나와서는 안 된다.
을 곡 (乙曲)		상부 관절을 제외하고는 모가 나지 않도록 하되 재쳐 올리는 것은 直上으로 한다.	언 조 (言調)		수점에서 口形까지 中心을 유지하고 작은 가로획 두 개와 口形의 위, 가로획 길이가 동일하며, 간격을 균등히 한다.
연 화 (連火)		네 개의 점 중에서 첫째점을 제외하고 세 개의 점은 동일한 성격이다. 첫째점은 左下로 엎어서 찍고 각 점의 길이는 동일하다.	변 점 (變點)		첫째점과 오른쪽 삐친 획의 끝이 닿지 않도록 한다.
삼 수 (三水)		첫째, 점선의 오른쪽에 찍는다. 둘째, 점선의 왼쪽에 찍는다. 셋째, 점선의 中心에 찍어 쳐올린다.	척 구 (脊句)		시작 지점과 재쳐 올리는 지점이 수직이 되어야 한다.
상 구 (上句)		모가 나지 않도록 하고 세로와 가로의 길이 차는 2 대 3으로 하면 알맞다.	심 곡 (心曲)		왼쪽에서 시작하여 아래로 휘며 수평 점선에서 조금더 나간다 위로 삐치는 방향은 左上方이다.
삼 행 (三行)		일획은 仰획이라고 하며, 점선의 방향을 참조하라. 이획은 平획이라고 하며 수평으로 긋는다. 삼획은 履획이라고하며 점선과 같이 엎는다.	의 요 (蟻腰)		세 개의 길이와 간격, 모양은 동일하다. 꺾는 곳을 가볍게 휘어서 모가 나지 않도록 한다.
중 별 (重撇)		掠획이 두 개 중복되었는데 그 방향이 각각 다르다.	변 책 (變磔)		이 획은 책(磔) 획의 줄임꼴이다. 펜을 뗄적에 힘을 주나 꼬리가 나지 않도록 한다.
삼 별 (三抹)		첫째획과 둘째획은 방향이 같고 마지막 획은 左上으로 약간 휘게 한다.	초 두 (草頭)	① ③ ② ④	1획의 중간에 2획이 통과하고 4획은 1,2획의 교차 지점에서 수평으로 나와 시작하여 수평으로 긋는다. 1,2획과 3,4획이 접선되지 않게함.

千字文

千字文은 중국 양(梁)나라 무제(武帝)가 주 흥사(周興嗣)에게 명하여 짓게한 글로서 전문(全文)을 1,000자를 가지고 사언 일구(四言一句)를 이구 일련(二句一聯)으로 한 일종의 고시체(古詩體)이다. 녁자(四字)를 한 귀절(句節)로 이루고 그 사이에 운(韻)을 포함한 풍송(諷誦)을 사용한 것으로 그 귀절(句節) 전부 250귀절, 전문(全文)의 자수(字數)는 천자(千字)로 이루어져 있으며, 이것을 千字文이라고 일컫는다.

그 내용은 태초(太初) 우주(宇宙)의 운행에서부터 인간이 지켜야 할 강상(綱常)은 물론 농정(農政)에 이르기까지 다루지 않은 바가 없고 千字 가운데 한자(一字)의 중복(重複)된 글자도 없는 것으로 작자(作者) 주 흥사(周興嗣)의 고심(苦心)을 짐작할 수가 있다.

따라서 千字文 속에는 우리가 살아가면서 금언(金言)으로 삼아야 할 귀중(貴重)한 말들이 수 없이 많이 있다. 우리가 이들을 익히고 생활에 이용한다면, 우리의 삶이 그만큼 더 진실되고 풍요로와 질것은 틀림없는 사실이다.

訓音	楷書	行書草書	펜글씨	筆順	楷書 펜글씨 練習
하늘천	天	天	天	二ノ乀	天
따지	地	地	地	一十土丿也	地
검을현	玄	玄	玄	丶亠幺	玄
누를황	黃	黃	黃	廿由共六	黃

*天地玄黃 [천지현황] 하늘은 위에 있어 그 빛이 검고 땅은 아래 있는고로 그 빛이 누르다.

訓音	楷書	行書草書	펜글씨	筆順	楷書 펜글씨 練習
집 우	宇	宇宇	宇	﹃一	宇
집 주	宙	宙宙	宙	宀宙宙	宙
넓을홍	洪	洪洪	洪	氵洪洪	洪
거칠황	荒	荒荒	荒	艹荒荒	荒
날 일	日	日日	日	丨日	日
달 월	月	月月	月	丿月	月
찰 영	盈	盈盈	盈	乃盈盈	盈
기울측	昃	昃昃	昃	日昃昃	昃
별 진	辰	辰辰	辰	厂辰辰	辰
잘 숙	宿	宿宿	宿	宀宿宿	宿
벌일 렬	列	列列	列	歹列列	列
베풀장	張	張張	張	弓張張	張

*宇宙洪荒〔우주홍황〕하늘과 땅사이는 넓고 커서 끝이 없다. 즉 세상의 넓음을 말한다.
*日月盈昃〔일월영측〕해는 서쪽으로 기울고 달도차면 점차 이즈러진다. 즉 우주의 진리를 말함.
*辰宿列張〔진숙열장〕진(十二辰) 숙(二十八宿) 즉 성좌가 해 달과같이 하늘에 넓게 벌여져 있음을 말함.

訓音	楷書	行書草書	펜글씨	筆順	楷書 펜글씨 練習
찰 한	寒	寒	寒		寒
올 래	来	来	來		來
더울 서	暑	暑	暑		暑
갈 왕	往	往	往		往
가을 추	秋	秋	秋		秋
거둘 수	收	收	收		收
겨울 동	冬	冬	冬		冬
감출 장	藏	藏	藏		藏
윤달 윤	閏	閏	閏		閏
남을 여	餘	餘	餘		餘
이룰 성	成	成	成		成
해 세	歲	歲	歲		歲

* 寒 來 暑 往 〔한래서왕〕 찬것이 오면 더운것이 가고 더운것이 오면 찬것이 간다. 즉 사철의 바뀜을 말함.
* 秋 收 冬 藏 〔추수동장〕 가을에 곡식을 거두고 겨울이 오면 그것을 저장한다.
* 閏 餘 成 歲 〔윤여성세〕 일년 이십사절기 나머지 시각을 모아 윤달로 하여 해를 이루었다.

訓音	楷書	行書 草書	펜글씨	筆順	楷書 펜글씨 練習
법률률 **律**	律	律	律	ィィフヨヨ	律
음률려 **呂**	呂	呂	呂	ロフフ口	呂
고를조 **調**	調	調	調	言訂門調	調
볕 양 **陽**	陽	陽	陽	ㅋ日ㅌ夕	陽
구름운 **雲**	雲	雲	雲	一一雨云	雲
오를등 **騰**	騰	騰	騰	月䒑腾	騰
이를치 **致**	致	致	致	一厶至攵	致
비 우 **雨**	雨	雨	雨	一门币雨	雨
이슬로 **露**	露	露	露	雨足路	露
맺을결 **結**	結	結	結	幺糸結	結
할 위 **爲**	爲	爲	爲	爫爭爲	爲
서리상 **霜**	霜	霜	霜	雨相霜	霜

*律呂調陽 〔율려조양〕 율(六律)과 여(六呂)는 천지간의 양기를 고르게 하니 즉 율은 양이요, 여는 음이다.
*雲騰致雨 〔운등치우〕 수증기가 올라가서 구름이 되고 냉기를 만나 비가 된다. 즉 자연의 기상을 말함.
*露結爲霜 〔노결위상〕 이슬이 맺혀 찬 기운에 닿으면 서리가 된다.

訓音	楷書	行書草書	펜글씨	筆順	楷書 펜글씨 練習
쇠 **금**	金	金	金	﹁ﾟ二亼	金
날 **생**	生	生	生	ﾉﾉ一ﾉ二	生
고울 **려**	麗	麗	麗	一百百麗麗	麗
물 **수**	水	水	水	亅フ刁水	水
구슬 **옥**	玉	玉	玉	一一二丁玉	玉
날 **출**	出	出	出	一山缶	出
메 **곤**	崑	崑	崑	山岂岸崑	崑
메 **강**	岡	岡	岡	门门门岡	岡
칼 **검**	劍	劍	劍	今剣劍	劍
이름 **호**	號	號	號	号號	號
클 **거**	巨	巨	巨	一三巨	巨
집 **궐**	闕	闕	闕	門門闕闕	闕

* 金生麗水 〔금생려수〕 금은 여수에서 나니 여수는 중국의 지명이다.
* 玉出崑岡 〔옥출곤강〕 옥은 곤강에서 나니 곤강은 역시 중국의 산이름이다.
* 劍號巨闕 〔검호거궐〕 거궐은 칼이름이고 구야자가 지은 보검이다. 즉 조나라의 국보다.

訓音	楷書	行草書	펜글씨	筆順	楷書 펜글씨 練習				
구슬주	珠	珠珠	珠		珠				
일컬을칭	稱	稱稱	稱		稱				
밤야	夜	夜夜	夜		夜				
빛광	光	光光	光		光				
과실과	果	果果	果		果				
보배진	珍	珍珍	珍		珍				
오얏리	李	李李	李		李				
벗내	奈	奈奈	奈		奈				
나물채	菜	菜菜	菜		菜				
무거울중	重	重重	重		重				
겨자개	芥	芥芥	芥		芥				
생강강	薑	薑薑	薑		薑				

＊珠稱夜光〔주칭야광〕구슬의 빛이 밤의 낮 같은고로 야광이라 칭하였다.
＊果珍李奈〔과진리내〕과실 중에 오얏과 벗의 그 진미가 으뜸임을 말함.
＊菜重芥薑〔채중개강〕나물은 겨자와 생강이 제일 큰 몫을 한다.

訓音	楷書	行書 草書	펜글씨	筆順	楷書 펜글씨 練習
바다 해	海	海海	海	氵汇汇汇海海	海
짤 함	鹹	鹹鹹	鹹	鹵鹵鹹鹹鹹	鹹
물 하	河	河河	河	氵氵沪河河	河
맑을 담	淡	淡淡	淡	氵氵氵炎淡	淡
비늘 린	鱗	鱗鱗	鱗	魚魚鱗鱗鱗	鱗
잠길 잠	潛	潛潛	潛	氵氵泮潛潛	潛
깃 우	羽	羽羽	羽	丆丆羽羽羽	羽
날개 상	翔	翔翔	翔	羊羊翔翔翔	翔
용 룡	龍	龍龍	龍	育育龍龍龍	龍
스승 사	師	師師	師	師師師師師	師
불 화	火	火火	火	丷少火	火
임금 제	帝	帝帝	帝	亠产帝帝帝	帝

* 海鹹河淡〔해함하담〕 바닷물은 짜고 민물은 아무 맛도 없고 맑다.
* 鱗潛羽翔〔인잠우상〕 비늘이 있는 고기는 물속에 잠기고 날개 있는 새는 공중에 난다.
* 龍師火帝〔용사화제〕 용스승 불임금이라함은 복희씨는 용으로써 벼슬을 기록하고 신농씨는 불로써 기록함.

訓音	楷書	行書草書	펜글씨	筆順	楷書 펜글씨 練習
새 조	鳥	鳥	鳥		鳥
벼슬관	官	官	官		官
사람인	人	人	人		人
임금황	皇	皇	皇		皇
비로소시	始	始	始		始
지을제	制	制	制		制
글월문	文	文	文		文
글자자	字	字	字		字
이에내	乃	乃	乃		乃
옷복	服	服	服		服
옷의	衣	衣	衣		衣
치마상	裳	裳	裳		裳

＊鳥官人皇 [조관인황] 소호는 새로써 벼슬을 기록하고 황제때는 인문을 갖추었으므로 인황이라 하였다.
＊始制文字 [시제문자] 복희 신하 창힐이라는 사람이 새 발자취를 보고 글자를 처음 만들었다.
＊乃服衣裳 [내복의상] 이에 의상을 입게하니 황제가 의관을 지어 등문을 분별하고 위의를 엄숙케 하였다.

訓音	楷書	行書 書草	펜글씨	筆順	楷書 펜글씨 練習
밀 **추**	推	推推	推	丁扌扩三	推
자리 **위**	位	位位	位	亻一立	位
사양 **양**	讓	讓讓	讓	言言言衣	讓
나라 **국**	國	國國	國	门国戈	國
있을 **유**	有	有有	有	ノ月三	有
나라 **우**	虞	虞虞	虞	厂虍吴	虞
질그릇 **도**	陶	陶陶	陶	阝匃甸	陶
당나라 **당**	唐	唐唐	唐	广肀口	唐
조상 **조**	弔	弔弔	弔	フ弓丨	弔
백성 **민**	民	民民	民	フ尸巳	民
칠 **벌**	伐	伐伐	伐	亻仁伐	伐
허물 **죄**	罪	罪罪	罪	罒非	罪

*推位讓國〔추위양국〕벼슬을 미루고 나라를 사양하니 덕이 있는 자에게 양국하였다.
*有虞陶唐〔유우도당〕유우는 제순으로 아들 상균 대신 우에게, 도당은 제요로서 아들 단주 대신 순에게 양국함을 말한다.
*弔民伐罪〔조민벌죄〕불쌍한 백성을 도우고 죄지은 임금을 벌 주었다.

訓音	楷書	行書草書	펜글씨	筆順	楷書 펜글씨 練習
두루 주	周	周周	周	刀刀月月	周
필 발	發	發發	發	發發	發
나라 은	殷	殷殷	殷	殷殷	殷
끓을 탕	湯	湯湯	湯	湯湯	湯
앉을 좌	坐	坐坐	坐	坐坐	坐
아침 조	朝	朝朝	朝	朝朝	朝
물을 문	問	問問	問	問問	問
길 도	道	道道	道	道道	道
드리울 수	垂	垂垂	垂	垂垂	垂
팔짱낄 공	拱	拱拱	拱	拱拱	拱
평할 평	平	平平	平	平平	平
글 장	章	章章	章	章章	章

* 周發殷湯 〔주발은탕〕 주무왕 발은 은의 폭군 주왕을, 은탕왕은 하의 걸왕을 몰아냈다.
* 坐朝問道 〔좌조문도〕 조정에 앉아 백성을 다스릴 올바른 길을 물었다는 말.
* 垂拱平章 〔수공평장〕 밝고 평화스럽게 다스리는 길을 겸손히 생각함을 말함.

訓音	楷書	行書草書	펜글씨	筆順	楷書 펜글씨 練習
사랑애	愛	愛	愛		愛
기를육	育	育	育		育
검을려	黎	黎	黎		黎
머리수	首	首	首		首
신하신	臣	臣	臣		臣
엎드릴복	伏	伏	伏		伏
오랑캐융	戎	戎	戎		戎
오랑캐강	羌	羌	羌		羌
멀하	遐	遐	遐		遐
가까울이	邇	邇	邇		邇
한일	壹	壹	壹		壹
몸체	體	體	體		體

* 愛育黎首 〔애육려수〕 여수 즉 백성을 임금이 사랑하고 양육함을 말함.
* 臣伏戎羌 〔신복융강〕 이상과 같이 나라를 다스리면 그 덕에 융과 강도 항복하고야 만다.
* 遐邇壹體 〔하이일체〕 멀고 가까운 나라가 전부 그 덕망에 귀순케 하며 일체가 될 수 있다.

訓音	楷書	行書 草書	펜글씨	筆順	楷書 펜글씨 練習
거느릴 **솔**	率	率	率		率
손 **빈**	賓	賓	賓		賓
돌아갈 **귀**	歸	歸	歸		歸
임금 **왕**	王	王	王		王
울 **명**	鳴	鳴	鳴		鳴
새 **봉**	鳳	鳳	鳳		鳳
있을 **재**	在	在	在		在
나무 **수**	樹	樹	樹		樹
흰 **백**	白	白	白		白
망아지 **구**	駒	駒	駒		駒
밥 **식**	食	食	食		食
마당 **장**	場	場	場		場

＊率賓歸王 〔솔빈귀왕〕 거느리고 복종하여 왕에게 돌아오니 덕을 입어 복종치 않음이 없음을 말함.
＊鳴鳳在樹 〔명봉재수〕 명군성현이 나타나면 봉이 운다는 말과 같이 덕망이 미치는 곳마다 봉이 나무위에서 울것이다.
＊白駒食場 〔백구식장〕 평화스러움을 말한것이며 즉 흰망아지도 감화되어 사람을 따르며 마당풀을 뜯어 먹게 된다.

訓音	楷書	行書草書	펜글씨	筆順	楷書 펜글씨 練習
될 화	化	化 化	化	ノイ七	化
입을 피	被	被 被	被	ネ初剂被	被
풀 초	草	草 艸	草	艹甘旦草	草
나무 목	木	木 木	木	一十木	木
힘입을 뢰	賴	賴 賴	賴	戸耒負賴	賴
미칠 급	及	及 及	及	ノ乃及	及
일만 만	萬	萬 萬	萬	艹昍萬萬	萬
모 방	方	方 方	方	、一方	方
덮을 개	蓋	蓋 蓋	蓋	艹盖盖蓋	蓋
이 차	此	此 比	此	止此	此
몸 신	身	身 身	身	竹身身	身
터럭 발	髮	髮 髮	髮	髟髮髮	髮

* 化 被 草 木 〔화피초목〕 덕화가 사람이나 짐승에게만 미칠 뿐아니라 초목에까지도 미침을 말함.
* 賴 及 萬 方 〔뢰급만방〕 만방이 극히 넓으나 어진덕이 고루 미치게 된다.
* 蓋 此 身 髮 〔개차신발〕 사람의 몸과 털은 부모님께 물려 받은 소중한 것.

訓音	楷書	行草書書	펜글씨	筆順	楷書 펜글씨 練習
넉 **사**	四	四	四		四
큰 **대**	大	大	大		大
다섯 **오**	五	五	五		五
떳떳할 **상**	常	常	常		常
공손할 **공**	恭	恭	恭		恭
오직 **유**	惟	惟	惟		惟
칠 **국**	鞠	鞠	鞠		鞠
기를 **양**	養	養	養		養
어찌 **기**	豈	豈	豈		豈
감히 **감**	敢	敢	敢		敢
헐 **훼**	毀	毀	毀		毀
상할 **상**	傷	傷	傷		傷

* 四 大 五 常 [사대오상] 네가지 큰것과 다섯가지 떳떳함이 있으니 즉 사대는 지풍화수(地風火水)요, 오상은 인·의·예·지·신이다.
* 恭 惟 鞠 養 [공유국양] 국양함을 공손히 하라 이 몸은 부모의 기르신 은혜이기 때문이다.
* 豈 敢 毀 傷 [기감훼상] 부모님께서 낳아 길러주신 이 몸을 어찌감히 훼상할 수 있으랴.

- 19 -

訓音	楷書	行書草書	펜글씨	筆順	楷書 펜글씨 練習
계집녀	女	女 如	女	く ノ 一	女
사모할모	慕	慕 慕	慕	艹艹莫幕慕慕	慕
곧을정	貞	貞 貞	貞	一卜占卢卢宁貞	貞
조촐할결	絜	絜 絜	絜	＝丰却却却絜絜	絜
사내남	男	男 男	男	口田田男男	男
본받을효	效	效 效	效	交交交效效	效
재주재	才	才 才	才	一 才	才
어질량	良	良 良	良	亠亨自良良	良
알지	知	知 知	知	仁矢知知	知
지날과	過	過 過	過	冎咼咼渦過	過
반드시필	必	必 必	必	心心必	必
고칠개	改	改 改	改	己已改改	改

* 女慕貞絜 [여모정결] 여자는 정조를 군게 지키고 행실을 단정하게 해야함을 말함.
* 男效才良 [남효재량] 남자는 재능을 닦고 어진것을 본받아야 함을 말함.
* 知過必改 [지과필개] 누구나 허물이 있는 것이니 허물을 알면 즉시 고쳐야 한다.

訓音	楷書	行書 草書	펜글씨	筆順	楷書 펜글씨 練習				
얻을**득**	得	得	得	彳日寸	得				
능할**능**	能	能	能	厶月匕匕	能				
말**막**	莫	莫	莫	艹日大	莫				
잊을**망**	忘	忘	忘	亡心	忘				
없을**망**	罔	罔	罔	冂丷亡	罔				
말씀**담**	談	談	談	言炎	談				
저**피**	彼	彼	彼	彳皮	彼				
짧을**단**	短	短	短	矢豆	短				
아닐**미**	靡	靡	靡	广林非	靡				
믿을**시**	恃	恃	恃	忄寺	恃				
몸소**기**	己	己	己	己	己				
긴**장**	長	長	長	長	長				

*得 能 莫 忘 〔득능막망〕사람으로서 알아야 할 것을 배운 후는 잊지 않도록 노력하여야 한다.
*罔 談 彼 短 〔망담피단〕남의 단점을 결코 말하지 말라.
*靡 恃 己 長 〔미시기장〕자신의 특기를 믿고 자랑하지 말라 그럼으로써 더욱 발달한다.

訓音	楷書	行書 草書	펜글씨	筆順	楷書 펜글씨 練習
믿을신	信	信信	信	イ信信	信
부릴사	使	使使	使	イ戸使	使
옳을가	可	可可	可	一可可	可
돌이킬복	覆	覆覆	覆	覀覆覆	覆
그릇기	器	器器	器	吕器器	器
하고자할욕	欲	欲欲	欲	谷欲欲	欲
어려울난	難	難難	難	堇難難	難
헤아릴량	量	量量	量	旦量量	量
먹 묵	墨	墨墨	墨	黑墨墨	墨
슬플비	悲	悲悲	悲	非悲悲	悲
실 사	絲	絲絲	絲	幺絲絲	絲
물들일염	染	染染	染	染染染	染

* 信 使 可 覆 〔신사가복〕 믿음은 움직일 수 없는 진리라는 것을 알면 마땅히 거듭 행하라.
* 器 欲 難 量 〔기욕난량〕 사람의 기량은 깊고 깊어서 헤아리기 어렵다.
* 墨 悲 絲 染 〔묵비사염〕 흰 실에 검은 물이 들면 다시 희지 못함을 슬퍼한다. 즉 사람도 매사를 조심하여야 한다.

訓音	楷書	行書 草書	펜글씨	筆順	楷書 펜글씨 練習					
글 시	詩	詩詩	詩	言言言言言言	詩					
칭찬할 찬	讚	讚讚	讚	シニニ讚讚	讚					
염소 고	羔	羔羔	羔	ソニニ羔灬	羔					
양 양	羊	羊羊	羊	ソニ三一	羊					
볕 경	景	景景	景	口曰曰京景	景					
갈 행	行	行行	行	ノイニテ	行					
벼리 유	維	維維	維	幺糸行維維	維					
어질 현	賢	賢賢	賢	巨臣取貝	賢					
이길 극	剋	剋剋	剋	一口九剋	剋					
생각 념	念	念念	念	人今念心	念					
지을 작	作	作作	作	イ作作	作					
성인 성	聖	聖聖	聖	耳取聖王	聖					

*詩 讚 羔 羊 〔시찬고양〕 시전 고양편에 문왕의 덕이 소남국에까지 미쳤다는 것을 칭찬한 말.
*景 行 維 賢 〔경행유현〕 행실을 훌륭하게 하고 당당하게 행하면 어진사람이 된다는것을 말함.
*剋 念 作 聖 〔극념작성〕 성인의 언행을 잘 생각하여 수양을 쌓으면 자연 성인이 됨을 말함.

訓音	楷書	行草書書	펜글씨	筆順	楷書 펜글씨 練習				
큰 **덕**	德	德德	德	彳彳㣇悳	德				
세울 **건**	建	建建	建	�887ﾌﾌﾌ建	建				
이름 **명**	名	名名	名	ﾉクタ口名	名				
설 **립**	立	立立	立	二立	立				
형상 **형**	形	形形	形	二干升多	形				
끝 **단**	端	端端	端	立山山端	端				
겉 **표**	表	表表	表	二ナ三丰表	表				
바를 **정**	正	正正	正	一丁下正	正				
빌 **공**	空	空空	空	空空	空				
골 **곡**	谷	谷谷	谷	八人口谷	谷				
전할 **전**	傅	傅傅	傅	亻亻俥傅	傅				
소리 **성**	聲	聲聲	聲	声殸聲	聲				

*德 建 名 立 〔덕건명립〕 항상 덕을 가지고 세상일을 행하면 자연 이름도 서게 된다.
*形 端 表 正 〔형단표정〕 몸형상이 단정하고 깨끗하면 마음도 바르며 또 표면에 나타난다.
*空 谷 傅 聲 〔공곡전성〕 유덕·군자의 말은 빈 골짜기에 마치 산울림이 전해지듯이 멀리 퍼져 나간다.

訓音	楷書	行書 草書	펜글씨	筆順	楷書 펜글씨 練習				
빌 **허**	虛	虛	虛		虛				
집 **당**	堂	堂	堂		堂				
익힐 **습**	習	習	習		習				
들을 **청**	聽	聽	聽		聽				
재화 **화**	禍	禍	禍		禍				
인할 **인**	因	因	因		因				
모질 **악**	惡	惡	惡		惡				
쌓을 **적**	積	積	積		積				
복 **복**	福	福	福		福				
인연 **연**	緣	緣	緣		緣				
착할 **선**	善	善	善		善				
경사 **경**	慶	慶	慶		慶				

*虛 堂 習 聽 〔허당습청〕 빈방에서 소리를 내면 울려 다 들린다. 즉 착한 말을 하면 천리밖에서도 응한다.
*禍 因 惡 積 〔화인악적〕 재앙은 악을 쌓음에 인한 것임으로 재앙을 받는이는 평일에 악을 쌓았기 때문이다.
*福 緣 善 慶 〔복연선경〕 복은 착한 일에서 오는 것이니 착한 일을 하면 경사가 온다.

訓音	楷書	行書草書	펜글씨	筆順	楷書 펜글씨 練習
자 척	尺	尺尺	尺	一丿乀	尺
구슬 벽	璧	璧璧	璧	尸吕辟壁	璧
아닐 비	非	非非	非	ノ三一三	非
보배 보	寶	寶寶	寶	宀珤貝	寶
마디 촌	寸	寸寸	寸	一寸、	寸
그늘 음	陰	陰陰	陰	阝今云	陰
이 시	是	是是	是	日一疋乀	是
다툴 경	競	競競	競	音儿竟	競
자료 자	資	資資	資	次貝八丿乀	資
아버지 부	父	父父	父	八丿乀	父
일 사	事	事事	事	一口彐亅	事
임금 군	君	君君	君	彐一口	君

* 尺璧非寶 〔척벽비보〕한자 되는 구슬이라고 해서 결코 보배라고는 할 수 없다.
* 寸陰是競 〔촌음시경〕한자되는 구슬보다도 잠깐의 시간이 더욱 귀중하니 시간을 아껴야 한다.
* 資父事君 〔자부사군〕아비섬기는 효도로 임금을 섬겨야 한다.

訓音	楷　書	行書 草書	펜글씨	筆順	楷書 펜글씨 練習					
가로 **왈**	曰	曰 曰	曰	＼フ二	曰					
엄할 **엄**	嚴	嚴 嚴	嚴		嚴					
더불 **여**	與	與 与	與		與					
공경할 **경**	敬	敬 敬	敬		敬					
효도 **효**	孝	孝 孝	孝		孝					
마땅할 **당**	當	當 當	當		當					
다할 **갈**	竭	竭 竭	竭		竭					
힘 **력**	力	力 力	力	フノ	力					
충성될 **충**	忠	忠 忠	忠		忠					
법칙 **칙**	則	則 則	則		則					
다할 **진**	盡	盡 盡	盡		盡					
목숨 **명**	命	命 命	命		命					

*曰 嚴 與 敬〔왈엄여경〕임금을 대하는 데는 엄숙함과 공경함이 있어야 한다.
*孝 當 竭 力〔효당갈력〕부모를 섬기는 데는 마땅히 힘을 다하여야 한다.
*忠 則 盡 命〔충칙진명〕충성한 즉 목숨을 다하니 임금을 섬기는데 몸을 사양해서는 안된다.

訓音	楷書	行書草書	펜글씨	筆順	楷書 펜글씨 練習				
임할 림	臨	臨	臨		臨				
깊을 심	深	深	深		深				
밟을 리	履	履	履		履				
얇을 박	薄	薄	薄		薄				
이를 숙	夙	夙	夙		夙				
흥할 흥	興	興	興		興				
따뜻할 온	溫	溫	溫		溫				
서늘할 청	淸	淸	淸		淸				
같을 사	似	似	似		似				
난초 란	蘭	蘭	蘭		蘭				
이 사	斯	斯	斯		斯				
꽃다울 형	馨	馨	馨		馨				

＊臨深履薄 〔임심리박〕 깊은 곳에 임하듯 하며 얇은데를 밟듯이 세심 주의하여야 한다.
＊夙興溫淸 〔숙흥온청〕 일찍 일어나서 추우면 덥게, 더우면 서늘케 하는 것이 부모섬기는 절차이다.
＊似蘭斯馨 〔사란사형〕 난초같이 꽃다우니 군자의 지조를 비유한 것이다.

訓音	楷書	行書 草書	펜글씨	筆順	楷書 펜글씨 練習				
같을 여	如	如 如	如	ㄴノロアよ公	如				
소나무 송	松	松 松	松	一十木公、	松				
갈 지	之	之 之	之	、フ之	之				
성할 성	盛	盛 盛	盛	ノア厅成盛	盛				
내 천	川	川 川	川	ノ川川	川				
흐를 류	流	流 流	流	氵氵浐流	流				
아니 불	不	不 不	不	一ァ不、	不				
쉴 식	息	息 息	息	門自息息	息				
못 연	淵	淵 淵	淵	氵氵渊渊渊	淵				
맑을 징	澄	澄 澄	澄	氵浐浐澄澄	澄				
취할 취	取	取 取	取	一丌耳取取	取				
비칠 영	暎	暎 暎	暎	日昭暎暎	暎				

*如松之盛 〔여송지성〕 소나무같이 푸르러 성함은 군자의 절개를 말한 것이다.
*川流不息 〔천류불식〕 내가 흘러 쉬지 아니하니 군자의 행지를 말한 것이다.
*淵澄取暎 〔연징취영〕 못이 맑아서 비치니 즉 군자의 마음을 말한 것이다.

訓音	楷書	行書 草書	펜글씨	筆順	楷書 펜글씨 練習
얼굴 **용**	容	容 容	容	宀八合口	容
그칠 **지**	止	止 止	止	丶上止	止
같을 **약**	若	若 若	若	艹扌右若	若
생각 **사**	思	思 思	思	田心思	思
말씀 **언**	言	言 言	言	言言	言
말씀 **사**	辭	辭 辭	辭	受商辭	辭
편안 **안**	安	安 安	安	宀女安	安
정할 **정**	定	定 定	定	宀疋定	定
두터울 **독**	篤	篤 篤	篤	竹馬篤	篤
처음 **초**	初	初 初	初	衤刀初	初
정성 **성**	誠	誠 誠	誠	言成誠	誠
아름 다울 **미**	美	美 美	美	羊美	美

* 容止若思〔용지약사〕행동을 덤비지 말고 형용과 행지를 조용히 생각하는 침착한 태도를 가져라.
* 言辭安定〔언사안정〕태도만 침착할 뿐 아니라 말도 안정케 하여 쓸데 없는 말을 삼가하라.
* 篤初誠美〔독초성미〕처음 정성을 기울이는 것은 진실로 아름다운 일이다.

訓音	楷　書	行書草書	펜글씨	筆順	楷書 펜글씨 練習				
삼갈**신**	慎	慎慎	愼	一个忄忄怕愼	愼				
마지막**종**	終	終終	終	幺糸終終	終				
마땅의	宜	宜宜	宜	宀户户官宜	宜				
하여금**령**	令	令令	令	人今令	令				
영화**영**	榮	榮榮	榮	炒炒炒祭祭榮	榮				
업	業	業業	業	业业严常業	業				
바소	所	所所	所	所所	所				
터기	基	基基	基	甘其基	基				
문서**적**	籍	籍籍	籍	竹产莘籍籍	籍				
심할**심**	甚	甚甚	甚	甘甚	甚				
없을**무**	無	無無	無	無無無	無				
마침내**경**	竟	竟竟	竟	立音竟	竟				

＊愼 終 宜 令 〔신종의령〕 처음뿐만 아니라 끝맺음도 좋아야 한다.
＊榮 業 所 基 〔영업소기〕 이상과 같이 잘지키면 번성하는 기본이 된다.
＊籍 甚 無 竟 〔적심무경〕 뿐만아니라 자신의 명예스러운 이름이 길이 전하여 질 것이다.

訓音	·楷 書	行書 草書	펜글씨	筆順	楷書 펜글씨 練習				
배울 **학**	學	學 学	學		學				
넉넉할 **우**	優	優 優	優		優				
오를 **등**	登	登 登	登		登				
벼슬 **사**	仕	仕 仕	仕		仕				
잡을 **섭**	攝	攝 摂	攝		攝				
일 **직**	職	職 職	職		職				
쫓을 **종**	從	從 従	從		從				
정사 **정**	政	政 政	政		政				
있을 **존**	存	存 存	存		存				
써 **이**	以	以 以	以		以				
달 **감**	甘	甘 甘	甘		甘				
아가위 **당**	棠	棠 棠	棠		棠				

＊學優登仕 〔학우등사〕 배운 것이 넉넉하면 벼슬에 오를 수 있다.
＊攝職從政 〔섭직종정〕 벼슬을 잡아 정사를 쫓으니 국가정사에 종사하니라.
＊存以甘棠 〔존이감당〕 주나라 소공이 남국의 아가위나무 아래서 백성을 교화하였다.

訓音	楷書	行書草書	펜글씨	筆順	楷書 펜글씨 練習				
갈 **거**	去	去	去	一十土土、	去				
어조사 **이**	而	而為	而	一丁冂冊而	而				
더할 **익**	益	益孟	益	一兰쓰쓰益	益				
읊을 **영**	詠	詠泳	詠	言言訂詠	詠				
풍류 **악**	樂	樂楽	樂	白幺幺十八玄 今八	樂				
다를 **수**	殊	殊殊	殊	歹歹珠殊 모口三八	殊				
귀할 **귀**	貴	貴贵	貴	貴貴貴 貝八八人	貴				
천할 **천**	賤	賤賎	賤	賤賤賤	賤				
예도 **례**	禮	禮裢	禮	示禮禮禮	禮				
다를 **별**	別	別别	別	別別別	別				
높을 **존**	尊	尊尊	尊	尊尊尊	尊				
낮을 **비**	卑	卑卑	卑	卑卑卑	卑				

＊去 而 益 詠 〔거이익영〕 소공이 죽은후 남국의 백성이 그의 덕을 추모하여 감당시를 읊었다.
＊樂 殊 貴 賤 〔낙수귀천〕 풍류는 귀천이 다르니 천자는 팔일 제후는 육일 사대부는 사일 선비는 이일이다.
＊禮 別 尊 卑 〔예별존비〕 예도에 존비의 분별이 있으니 군신·부자·부부·장유·붕우의 차별이 있다.

訓音	楷書	行書草書	펜글씨	筆順	楷書 펜글씨 練習
윗 **상**	上	上	上	一, 一, 上	上
화할 **화**	和	和 和	和	一, 二, 千, 禾, 禾, 和	和
아래 **하**	下	下 下	下	一, 下, 下	下
화목할 **목**	睦	睦 睦	睦	目, 上, 上, 土	睦
남편 **부**	夫	夫 夫	夫	二, 人	夫
부를 **창**	唱	唱 唱	唱	口, 口, 日, 日	唱
아내 **부**	婦	婦 婦	婦	女, 女, 婦	婦
따를 **수**	隨	隨 隨	隨	隋, 隨	隨
바깥 **외**	外	外 外	外	夕, 外	外
받을 **수**	受	受 受	受	受	受
스승 **부**	傅	傅 傅	傅	傅	傅
가르칠 **훈**	訓	訓 訓	訓	言, 訓	訓

*上和下睦 〔상화하목〕 위에서 사랑하고 아래서 공경함으로써 화목이 된다.
*夫唱婦隨 〔부창부수〕 지아비가 부르면 지어미가 따르니 즉 원만한 가정을 말함.
*外受傅訓 〔외수부훈〕 팔세면 밖의 스승에 가르침을 받아야 한다.

訓音	楷書	行書草書	펜글씨	筆順	楷書 펜글씨 練習
들 입	入	入	入	丶㇏	
받들 봉	奉	奉	奉		
어미 모	母	母	母		
거동 의	儀	儀	儀		
모두 제	諸	諸	諸		
고모 고	姑	姑	姑		
맏 백	伯	伯	伯		
아저씨 숙	叔	叔	叔		
같을 유	猶	猶	猶		
아들 자	子	子	子		
견줄 비	比	比	比		
아이 아	兒	兒	兒		

＊入奉母儀 [입봉모의] 집에 들어서는 어머니를 받들어 종사하라.
＊諸姑伯叔 [제고백숙] 고모·백부·숙부 등 집안내의 친척 등을 말함.
＊猶子比兒 [유자비아] 조카들도 자기의 아들과 같이 취급하여야 한다.

訓音	楷書	行草書書	펜글씨	筆順	楷書 펜글씨 練習
구멍공	孔	孔孔	孔	フ乙し	孔
품을회	懷	懷忙	懷	忄宀罒哀	懷
맏형	兄	兄兄	兄	ロノ乚	兄
아우제	弟	弟弟	弟	ヽヽ弓弓刂	弟
한가지동	同	同同	同	冂一口	同
기운기	氣	氣氣	氣	气气气	氣
연할련	連	連連	連	亘亘辶	連
가지지	枝	枝枝	枝	木十支	枝
사귈교	交	交交	交	亠六乂	交
벗우	友	友友	友	ナ方乂	友
던질투	投	投投	投	扌几又	投
나눌분	分	分分	分	八刀ノ	分

*孔懷兄弟 〔공회형제〕 형제는 서로 사랑하여 의좋게 지내야 한다.
*同氣連枝 〔동기련지〕 형제는 부모의 기운을 같이 받았으니 나무의 가지와 같다.
*交友投分 〔교우투분〕 벗을 사귀는 데는 서로가 분수에 따라 의기가 투합해야 한다.

訓音	楷書	行書 草書	펜글씨	筆順	楷書 펜글씨 練習
자를 **절**	切	切切	切	一七刀ノ	切
갈 **마**	磨	磨磨	磨	广木石	磨
경계 **잠**	箴	箴箴	箴	竹仨ㅆ戊咸乚	箴
법 **규**	規	規規	規	夫見ノL	規
어질 **인**	仁	仁仁	仁	ノ一二	仁
인자할 **자**	慈	慈慈	慈	兰幺幺心	慈
숨을 **은**	隱	隱隱	隱	阝ㅈ쓰心	隱
슬플 **측**	惻	惻惻	惻	忄貝刂	惻
지을 **조**	造	造造	造	丿告辶	造
버금 **차**	次	次次	次	冫ㅋ人丶	次
아닐 **불**	弗	弗弗	弗	弓弓刂	弗
떠날 **리**	離	離離	離	亠凶隹	離

* 切 磨 箴 規 〔절마잠규〕 열심히 닦고 배워서 사람으로서의 도리를 지켜야 한다.
* 仁 慈 隱 惻 〔인자은측〕 어진 마음으로 남을 사랑하고 또는 이를 측은히 여겨야 한다.
* 造 次 弗 離 〔조차불리〕 남을 위한 동정심을 잠시라도 잊지말고 항상 가져야 한다.

訓音	楷書	行書 草書	펜글씨	筆順	楷書 펜글씨 練習				
마디 **절**	節	節 苕	節		節				
옳을 **의**	義	義 義	義		義				
청렴 **렴**	廉	廉 廉	廉		廉				
물러갈 **퇴**	退	退 退	退		退				
기울어질 **전**	顚	顚 頗	顚		顚				
자빠질 **패**	沛	沛 沛	沛		沛				
아닐 **비**	匪	匪 匪	匪		匪				
이지러질 **휴**	虧	虧 虧	虧		虧				
성품 **성**	性	性 性	性		性				
고요 **정**	靜	靜 靜	靜		靜				
뜻 **정**	情	情 情	情		情				
편안할 **일**	逸	逸 逸	逸		逸				

＊節 義 廉 退 〔절의렴퇴〕 청렴과 절개와 의리와 사양함은 늘 지켜야 한다.
＊顚 沛 匪 虧 〔전패비휴〕 엎드려지고 자빠져도 이지러지지 않으니 용기를 잃지 말라.
＊性 靜 情 逸 〔성정정일〕 성품이 고요하면 뜻이 편안하니 고요함은 천성이요 동작함은 인정이다.

訓音	楷書	行書 草書	펜글씨	筆順	楷書 펜글씨 練習
마음 **심**	心	心	心		心
움직일 **동**	動	動	動		動
귀신 **신**	神	神	神		神
가쁠 **피**	疲	疲	疲		疲
지킬 **수**	守	守	守		守
참 **진**	眞	眞	眞		眞
뜻 **지**	志	志	志		志
찰 **만**	滿	滿	滿		滿
쫓을 **축**	逐	逐	逐		逐
만물 **물**	物	物	物		物
뜻 **의**	意	意	意		意
옮길 **이**	移	移	移		移

* 心動神疲 [심동신피] 마음이 움직이면 신기가 피곤하니 마음이 불안하면 신기가 불편하다.
* 守眞志滿 [수진지만] 사람의 도리를 지키면 뜻이 차고 군자의 도를 지키면 뜻이 편안하다.
* 逐物意移 [축물의이] 마음이 불안함은 욕심이 있어서 그렇다 너무 욕심내면 마음도 변한다.

訓音	楷書	行書草書	펜글씨	筆順	楷書 펜글씨 練習				
굳을 견	堅	堅堅	堅	1 ᄀ 丩 自土	堅				
가질 지	持	持扶	持	一ᅳ扌扌ᅥ	持				
맑을 아	雅	雅雅	雅	二チ 行佳	雅				
지조 조	操	操操	操	扌ᆯ品ᄼ木	操				
좋을 호	好	好好	好	人夕夕犭	好				
벼슬 작	爵	爵骨	爵	冖冖冊罗爵	爵				
스스로 자	自	自白	自	丿冂自三	自				
얽을 미	縻	縻縻	縻	亠广麻米糸ᄼ	縻				
도읍 도	都	都者	都	十土者都阝	都				
고을 읍	邑	邑邑	邑	口丹邑ᄂ	邑				
빛날 화	華	華華	華	艹ᆍ圭二丨	華				
여름 하	夏	夏夏	夏	一百夊夂乀	夏				

* 堅持雅操〔견지아조〕맑은 절조를 굳게 가지고 있으면 나의 도리를 극진히 함이라.
* 好爵自縻〔호작자미〕좋은 벼슬이 스스로 내몸에 얽혀 들어온다.
* 都邑華夏〔도읍화하〕도읍은 왕성의 지위를 말한 것이고 화하는 당시 중국을 지칭하던 말임.

訓音	楷書	行草書書	펜글씨	筆順	楷書 펜글씨 練習			
동녘 **동**	東	東 京	東	ㄱ ㅎ 一 人	東			
서녘 **서**	西	西 西	西	一 ㄱ ㄲ 一	西			
두 **이**	二	二 二	二	一 一	二			
서울 **경**	京	京 京	京	亠 口 八	京			
등 **배**	背	背 背	背	二 匕 月 三	背			
터 **망**	芒	芒 芒	邙	二 阝 卩	邙			
낯 **면**	面	面 面	面	一 ㄱ ㄲ 三	面			
낙수 **락**	洛	洛 洛	洛	氵 夂 口	洛			
뜰 **부**	浮	浮 浮	浮	氵 夕 爫 一	浮			
위수 **위**	渭	渭 渭	渭	氵 田 月	渭			
웅거할 **거**	據	據 扵	據	扌 虍 豕	據			
경수 **경**	涇	涇 涇	涇	氵 巛 一	涇			

*東西二京 〔동서이경〕 동과 서에 두 서울이 있으니 동경은 낙양이고 서경은 장안이다.
*背邙面洛 〔배망면락〕 동경인 낙양은 북망산을 등지고 낙수를 바라보고 있다는 말.
*浮渭據涇 〔부위거경〕 서경 장안은 위수에 뜨고 경수를 둘렀으니 서북에 위천·경수 두 물이 있었다.

訓音	楷書	行書 草書	펜글씨	筆順	楷書 펜글씨 練習				
집 **궁**	宮	宮 宮	宮	ㅗㅁノ口	宮				
대궐 **전**	殿	殿 殿	殿	ㄱㄹ까써乄	殿				
서릴 **반**	盤	盤 盎	盤	舟殳方皿	盤				
답답할 **울**	鬱	鬱 蓊	鬱	杵米鬯彡	鬱				
다락 **루**	樓	樓 楼	樓	木中串女	樓				
볼 **관**	觀	觀 觀	觀	艹隹見	觀				
날 **비**	飛	飛 飛	飛	飞乀飞乀	飛				
놀랄 **경**	驚	驚 驚	驚	苟攵馬	驚				
그림 **도**	圖	圖 圖	圖	冂口凸몹몹	圖				
베낄 **사**	寫	寫 寫	寫	宀臼勹灬	寫				
새 **금**	禽	禽 禽	禽	人凶厶囗	禽				
짐승 **수**	獸	獸 獸	獸	嘼犬	獸				

* 宮 殿 盤 鬱 〔궁전반울〕 궁전은 울창한 나무사이에 서린듯 정하였다.
* 樓 觀 飛 驚 〔누관비경〕 궁전 가운데 있는 물견대(物見台)는 높아서 올라가면 나는듯하여 놀란다.
* 圖 寫 禽 獸 〔도사금수〕 궁전내부에는 유명한 화가들이 그린 그림 조각 등으로 장식되어 있다.

訓音	楷書	行書 草書	펜글씨	筆順	楷書 펜글씨 練習
그림 **화**	畵	畵	畵	ㄱㅡㄹㅌㄹ二	畵
채색 **채**	彩	彩	綵	ヽㄴㅆㄸ一ㅅ	綵
신선 **선**	仙	仙	仙	ノイー凵	仙
신령 **령**	靈	靈	靈	示ㅁ一ㅆ	靈
남녁 **병**	丙	丙	丙	一冂人、	丙
집 **사**	舍	舍	舍	人ㄴノㅁ	舍
곁 **방**	傍	傍	傍	イㅗ亠ㄱㅎ	傍
열 **계**	啓	啓	啓	戶攵攵ㅅㅁ	啓
갑옷 **갑**	甲	甲	甲	冂ㄱ二ㅣ	甲
장막 **장**	帳	帳	帳	口ㅑ二ㅌㄹ	帳
대답 **대**	對	對	對	业ㅗ二寸	對
기둥 **영**	楹	楹	楹	オㄱ夕ㄷㅁㅗ	楹

* 畵彩仙靈 〔화채선령〕 신선과 신령의 그림도 화려하게 채색되어 있다.
* 丙舍傍啓 〔병사방계〕 병사곁에 통고를 열어 궁전내를 출입하는 사람들의 편리를 도모하였다.
* 甲帳對楹 〔갑장대영〕 아름다운 갑장이 기둥을 대하였으니 동방삭이 갑장을 지어 임금이 잠시 정지하는 곳이다.

訓音	楷書	行草書	펜글씨	筆順	楷書 펜글씨 練習				
베풀 사	肆	肆	肆		肆				
자리 연	筵	筵	筵		筵				
베풀 설	設	設	設		設				
자리 석	席	席	席		席				
북 고	鼓	鼓	鼓		鼓				
비파 슬	瑟	瑟	瑟		瑟				
불 취	吹	吹	吹		吹				
저 생	笙	笙	笙		笙				
오를 승	陞	陞	陞		陞				
뜰 계	階	階	階		階				
바칠 납	納	納	納		納				
섬돌 폐	陛	陛	陛		陛				

* 肆筵設席〔사연설석〕 자리를 베풀고 돗을 베푸니 연회하는 좌석이다.
* 鼓瑟吹笙〔고슬취생〕 비파를 치고 생황저를 부니 잔치하는 풍류이다.
* 陞階納陛〔승계납폐〕 문무백관이 계단을 올라 임금께 납폐하는 절차이니라.

訓音	楷書	行書草書	펜글씨	筆順	楷書 펜글씨 練習
고깔 **변**	弁	弁	弁	스一川	
구를 **전**	轉	轉	轉		
의심할 **의**	疑	疑	疑		
별 성	星	星	星		
오른 **우**	右	右	右	ノ一口	
통할 **통**	通	通	通		
넓을 **광**	廣	廣	廣		
안 **내**	內	內	內	一口人	
왼 **좌**	左	左	左	一ナ左	
통달할 **달**	達	達	達		
이을 **승**	承	承	承		
밝을 **명**	明	明	明		

* 弁轉疑星 〔변전의성〕 많은 사람들의 관에서 번쩍이는 구슬이 별인가 의심할 정도이다.
* 右通廣內 〔우통광내〕 오른편에 광내가 통하니 광내는 나라 비서를 두는 집이다.
* 左達承明 〔좌달승명〕 왼편에 승명이 사모치니 승명은 사기를 교열하는 집이다.

訓音	楷書	行書草書	펜글씨	筆順	楷書 펜글씨 練習
이미기	既	既	既		既
모을집	集	集	集		集
무덤분	墳	墳	墳		墳
법전	典	典	典		典
또역	亦	亦	亦		亦
모을취	聚	聚	聚		聚
무리군	群	群	群		群
꽃부리영	英	英	英		英
막을두	杜	杜	杜		杜
짚고	藁	藁	藁		藁
쇠북종	鍾	鍾	鍾		鍾
글씨예	隸	隸	隸		隸

*既 集 墳 典 〔기집분전〕 이미 삼황(三皇)의 삼분(三墳)과 오제(五帝)의 오전(五典) 등의 옛 서적을 많이 모아두었다.
*亦 聚 群 英 〔역취군영〕 또한 여러 영웅을 모으니 분전을 강론하여 치국하는 도를 밝힘이라.
*杜 藁 鍾 隸 〔두고종예〕 후한(後漢) 명필 두백도(杜伯度)의 초서와 위(魏) 종요(鍾繇)의 예서도 비치되었다.

訓音	楷書	行書草書	펜글씨	筆順	楷書 펜글씨 練習				
옷칠 **칠**	漆	漆漆	漆		漆				
글 **서**	書	書書	書		書				
벽 **벽**	壁	壁壁	壁		壁				
글 **경**	經	經經	經		經				
마을 **부**	府	府府	府		府				
벌일 **라**	羅	羅羅	羅		羅				
장수 **장**	將	將將	將		將				
서로 **상**	相	相相	相		相				
길 **로**	路	路路	路		路				
낄 **협**	俠	俠俠	俠		俠				
삼공 **괴**	槐	槐槐	槐		槐				
벼슬 **경**	卿	卿卿	卿		卿				

* 漆書壁經 〔칠서벽경〕 한나라 영제가 돌벽에서 발견한 서골과 공자가 발견한 육경도 비치되어 있다.
* 府羅將相 〔부라장상〕 관부에는 장수와 정승이 벌여 늘어서 있다.
* 路俠槐卿 〔노협괴경〕 삼공구경 등 고관의 저택들이 길을 끼고 늘어 섰다.

訓音	楷書	行書書草	펜글씨	筆順	楷書 펜글씨 練習				
집 호	戶	戶戶	戶	｀ｿ戸	戶				
봉할 봉	封	封圭	封	一十圭圭、	封				
여덟 팔	八	八八	八	ノ八	八				
고을 현	縣	縣縣	縣	目県系	縣				
집 가	家	家家	家	宀豕豕乀	家				
줄 급	給	給絔	給	纟纟纟給合	給				
일천 천	千	千千	千	ｲ一一	千				
군사 병	兵	兵兵	兵	ｲｲｲ八	兵				
높을 고	高	高亭	高	高口	高				
갓 관	冠	冠冠	冠	冖宀兀	冠				
모실 배	陪	陪陪	陪	３阝音	陪				
손수레 련	輦	輦輦	輦	彡夫車	輦				

＊戶封八縣 [호봉팔현] 한 나라가 천하를 통일하고 여덟 고을 만호를 주어 공신을 봉하였다.
＊家給千兵 [가급천병] 공신들에게 일천 군사를 주어 그의 집을 호위시켰다.
＊高冠陪輦 [고관배련] 높은 관을 쓰고 연을 모시니 제후의 예로 대접했다.

訓音	楷書	行書草書	펜글씨	筆順	楷書 펜글씨 練習				
몰 **구**	驅	驅馳	驅	｜｜ｊ馬馬馬品品	驅				
바퀴 **곡**	轂	轂轂	轂	壹轂又	轂				
떨칠 **진**	振	振振	振	扌扩振振	振				
끈 **영**	纓	纓纓	纓	糹纓纓	纓				
인간 **세**	世	世世	世	一凵凵世	世				
녹 **록**	祿	祿祿	祿	礻祿祿	祿				
사치할 **치**	侈	侈侈	侈	亻夕夕多	侈				
부자 **부**	富	富富	富	宀官宮宮富	富				
수레 **거**	車	車車	車	一ロ三車	車				
멍에 **가**	駕	駕駕	駕	力口加架駕	駕				
살찔 **비**	肥	肥肥	肥	月肌肌肥	肥				
가벼울 **경**	輕	輕輕	輕	車輕輕	輕				

* 驅轂振纓 〔구곡진영〕 수레를 몰매 갓끈이 떨치니 임금출행에 제후의 위엄이 있다.
* 世祿侈富 〔세록치부〕 대대로 녹이 사치하고 부하니 제후자손이 세세관록이 무성하더라.
* 車駕肥輕 〔거가비경〕 수레의 말은 살찌고 몸의 의복은 가볍게 차려져 있다.

訓音	楷書	行書 草書	펜글씨	筆順	楷書 펜글씨 練習					
꾀 **책**	策	策 策	策	ケケ竹竹穴人	策					
공 **공**	功	功 功	功	一エエカ	功					
무성할 **무**	茂	茂 茂	茂	艹艹戊戊戊	茂					
열매 **실**	實	實 実	實	宀宀宙貫八	實					
굴레 **륵**	勒	勒 勒	勒	廿甘苗革勒力	勒					
비석 **비**	碑	碑 碑	碑	石石矿碑碑	碑					
새길 **각**	刻	刻 刻	刻	亠亥亥刻刂	刻					
새길 **명**	銘	銘 銘	銘	金金多名口	銘					
돌 **반**	磻	磻 磻	磻	石矿矿番田	磻					
시내 **계**	溪	溪 溪	溪	氵灬灬巠癸	溪					
저 **이**	伊	伊 伊	伊	亻亻伊尹	伊					
다스릴 **윤**	尹	尹 尹	尹	그二尹	尹					

* 策 功 茂 實 〔책공무실〕 공을 꾀함에 무성하고 충실하더라.
* 勒 碑 刻 銘 〔늑비각명〕 비를 세워 이름을 새겨서 그 공을 찬양하며 후세에 전하였다.
* 磻 溪 伊 尹 〔반계이윤〕 문왕은 반계에서 강태공을 맞고 은왕은 신아에서 이윤을 맞이하였다.

訓音	楷書	行書草書	펜글씨	筆順	楷書 펜글씨 練習				
도울 **좌**	佐	佐佐	佐	ノイナ左	佐				
때 **시**	時	時时	時	日土寺	時				
언덕 **아**	阿	阿阿	阿	3阝阿	阿				
저울대 **형**	衡	衡衡	衡	彳鱼衡	衡				
오랠 **엄**	奄	奄奄	奄	大电	奄				
집 **택**	宅	宅宅	宅	宀宅	宅				
굽을 **곡**	曲	曲曲	曲	曲	曲				
언덕 **부**	阜	阜阜	阜	阜	阜				
작을 **미**	微	微微	微	彳微	微				
아침 **단**	旦	旦旦	旦	日旦	旦				
누구 **숙**	孰	孰孰	孰	孰	孰				
경영 **영**	營	營營	營	營	營				

＊佐 時 阿 衡 [좌시아형] 위급한 때를 도와 공을 세워 아형의 벼슬에 올랐다는 것이다.
＊奄 宅 曲 阜 [엄택곡부] 주공이 큰 공이 있는 고로 노국을 봉한후 곡부에다 저택을 세웠다.
＊微 旦 孰 營 [미단숙영] 주공 단이 아니면 어찌 큰 궁전을 세웠으리오.

訓音	楷書	行書草書	펜글씨	筆順	楷書 펜글씨 練習
굳셀**환**	桓	桓桓	桓	一十十十旦桓	桓
귀**공**	公	公公	公	八ム、	公
바를**광**	匡	匡匡	匡	一二三匚	匡
모을**합**	合	合今	合	人合口	合
구제할**제**	濟	濟濟	濟	氵氵汸汸汸濟	濟
약할**약**	弱	弱弱	弱	그 弓 弓 弱 弱	弱
도울**부**	扶	扶扶	扶	扌打扶扶	扶
기울**경**	傾	傾傾	傾	亻亻傾傾傾	傾
비단**기**	綺	綺綺	綺	糸糸綺綺	綺
돌아올**회**	廻	廻廻	廻	丁円回廻	廻
한나라**한**	漢	漢漢	漢	氵汁汉漢漢	漢
은혜**혜**	惠	惠惠	惠	一亩亩亩惠惠	惠

* 桓公匡合 〔환공광합〕 제 나라 환공이 천하를 바로잡아 제후를 불러모아 맹약을 지키도록 하였다.
* 濟弱扶傾 〔제약부경〕 약한 나라를 구제하고 기울어 지는 제신을 도와서 붙들어 주었다.
* 綺回漢惠 〔기회한혜〕 한나라 네현인의 한 사람인 기리계는 한나라 혜제를 회복시켰다.

訓音	楷書	行書草書	펜글씨	筆順	楷書 펜글씨 練習				
말씀설	說	說 說	說	言言兑兄	說				
느낄감	感	感 感	感	感	感				
호반무	武	武 武	武	武	武				
장정정	丁	丁 丁	丁	一丁	丁				
준걸준	俊	俊 俊	俊	俊	俊				
어질예	乂	乂 乂	乂	乂	乂				
빽빽할밀	密	密 密	密	密	密				
말 물	勿	勿 勿	勿	勿	勿				
많을다	多	多 多	多	多	多				
선비사	士	士 士	士	一士	士				
이 식	寔	寔 寔	寔	寔	寔				
편안녕	寧	寧 寧	寧	寧	寧				

❋ 說 感 武 丁 〔설감무정〕부열이 들에서 역사하매 무정의 꿈에 감동되어 곧 정성이 되었다.
❋ 俊 乂 密 勿 〔준예밀물〕준걸과 재사가 조정에 모여 빽빽하더라.
❋ 多 士 寔 寧 〔다사식녕〕준걸과 재사가 조정에 많으니 국가가 태평함이라.

訓音	楷書	行書草書	펜글씨	筆順	楷書 펜글씨 練習
나라진	晉	晉音	晉	晉	
나라초	楚	楚楚	楚	楚	
다시갱	更	更更	更	更	
으뜸패	霸	霸霸	霸	霸	
나라조	趙	趙趙	趙	趙	
나라위	魏	魏魏	魏	魏	
곤할곤	困	困困	困	困	
비낄횡	橫	橫橫	橫	橫	
거짓가	假	假假	假	假	
길도	途	途途	途	途	
멸할멸	滅	滅滅	滅	滅	
나라괵	虢	虢虢	虢	虢	

* 晉 楚 更 霸 〔진초갱패〕 진과 초가 다시 으뜸이 되니 진문공 초장왕이 패왕이 되니라.
* 趙 魏 困 橫 〔조위곤횡〕 조와 위는 횡에 곤하니 육국 때에 진나라를 섬기자함을 횡이라 하니라.
* 假 途 滅 虢 〔가도멸괵〕 진 헌공이 우국 길을 빌어 괵국을 멸하고 돌아오는 길에 우국도 멸망시켰다.

訓音	楷書	行書草書	펜글씨	筆順	楷書 펜글씨 練習				
밟을천	踐	踐踐	踐		踐				
흙 토	土	土土	土		土				
모일회	會	會会	會		會				
맹세맹	盟	盟盟	盟		盟				
어찌하	何	何何	何		何				
쫓을준	遵	遵遵	遵		遵				
언약약	約	約約	約		約				
법 법	法	法法	法		法				
나라한	韓	韓韓	韓		韓				
폐단폐	弊	弊弊	弊		弊				
번거로울번	煩	煩煩	煩		煩				
형벌형	刑	刑刑	刑		刑				

＊踐土會盟〔천토회맹〕진문공이 제후를 천토에 모아 맹세하고 협천자영 제후하니라.
＊何遵約法〔하준약법〕소하는 한고조와 더불어 약법삼장을 정하여 준행하리라.
＊韓弊煩刑〔한폐번형〕한비는 진왕을 달래 형벌을 펴다가 그 형벌에 죽는다.

訓音	楷書	行書草書	펜글씨	筆順	楷書 펜글씨 練習
일어날 기	起	起起	起	一丆丰走起	起
자를 전	翦	翦翦	翦	前羽羽	翦
자못 파	頗	頗頗	頗	广皮頁	頗
칠 목	牧	牧牧	牧	牛牛牧	牧
쓸 용	用	用用	用	冂三用	用
군사 군	軍	軍軍	軍	冖冃旨車	軍
가장 최	最	最最	最	旦旦耳取	最
정교할 정	精	精精	精	米半青	精
베풀 선	宣	宣宣	宣	宀宀官宣	宣
위엄 위	威	威威	威	厂厂后威	威
모래 사	沙	沙沙	沙	氵汀沙	沙
아득할 막	漠	漠漠	漠	氵漢漠	漠

* 起翦頗牧〔기전파목〕백기와 왕전은 진나라 장수요 염파와 이목은 조나라 장수였다.
* 用軍最精〔용군최정〕군사쓰기를 가장 정교히 하였다.
* 宣威沙漠〔선위사막〕장수로서 그 위엄은 멀리 사막에까지 퍼졌다.

訓音	楷書	行書 草書	펜글씨	筆順	楷書 펜글씨 練習
달릴 **치**	馳	馳 驰	馳	丨厂丏馬馳	馳
기릴 **예**	譽	譽 誉	譽	與與與譽	譽
붉을 **단**	丹	丹 丹	丹	刀刀丹	丹
푸를 **청**	青	青 青	青	一主丰青	青
아홉 **구**	九	九 九	九	丿九	九
고을 **주**	州	州 州	州	丶丿丬州州	州
임금 **우**	禹	禹 禹	禹	丿口内用禺禹	禹
자취 **적**	跡	跡 迹	跡	口口尸足趵跡	跡
일백 **백**	百	百 百	百	一厂百百	百
고을 **군**	郡	郡 郡	郡	⼅尹君君郡	郡
나라 **진**	秦	秦 秦	秦	三夫失夫秦秦	秦
아우를 **병**	幷	幷 幷	幷	丷幷幷幷	幷

* 馳譽丹青〔치예단청〕 그 이름은 생전뿐 아니라 죽은 후에도 전하기 위하여 초상을 기린각에 그렸다.
* 九州禹跡〔구주우적〕 하우왕이 구주를 분별하니 기·연·청·서·양·형·예·양·옹의 구주이다.
* 百郡秦幷〔백군진병〕 진시황이 천하봉군하는 법을 폐하고 일백군을 두었다.

訓音	楷書	行書草書	펜글씨	筆順	楷書 펜글씨 練習				
큰산악	嶽	嶽嶽	嶽		嶽				
근본종	宗	宗宗	宗		宗				
항상항	恒	恒恒	恒		恒				
메대	岱	岱岱	岱		岱				
터닦을선	禪	禪禪	禪		禪				
임금주	主	主主	主		主				
이를운	云	云云	云		云				
정자정	亭	亭亭	亭		亭				
기러기안	鴈	鴈鴈	鴈		鴈				
문문	門	門門	門		門				
자주빛자	紫	紫紫	紫		紫				
변방새	塞	塞塞	塞		塞				

* 嶽宗恒岱 [악종항대] 오악은 동태산·서화산·남형산·북항산·중숭산이니 항산과 태산이 조종이라.
* 禪主云亭 [선주운정] 운과 정은 천자를 봉선하고 제사하는 곳이니 운운산과 정성산을 제일 중히 했다.
* 鴈門紫塞 [안문자새] 북에 계전이 있고 만리장성 밖에 붉은 적성이 있다.

訓音	楷書	行書草書	펜글씨	筆順	楷書 펜글씨 練習
닭 계	鷄	鷄	鷄		
밭 전	田	田	田		
붉을 적	赤	赤	赤		
재 성	城	城	城		
맏 곤	昆	昆	昆		
못 지	池	池	池		
돌 갈	碣	碣	碣		
돌 석	石	石	石		
톱 거	鉅	鉅	鉅		
들 야	野	野	野		
골 동	洞	洞	洞		
뜰 정	庭	庭	庭		

＊鷄田赤城 〔계전적성〕 계전은 옹주에 있는 고을이고 적성은 기주에 있는 고을이다.
＊昆池碣石 〔곤지갈석〕 곤지는 운남 곤명현에 있고 갈석은 부평현에 있다.
＊鉅野洞庭 〔거야동정〕 거야는 태산동편에 있는 광야 동정은 호남성에 있는 중국 제일의 호수이다.

訓音	楷書	行草書	펜글씨	筆順	楷書 펜글씨 練習
빌 광	曠	曠	曠		曠
멀 원	遠	遠	遠		遠
솜 면	綿	綿	綿		綿
멀 막	邈	邈	邈		邈
바위 암	巖	巖	巖		巖
멧부리 수	岫	岫	岫		岫
아득할 묘	杳	杳	杳		杳
어두울 명	冥	冥	冥		冥
다스릴 치	治	治	治		治
근본 본	本	本	本		本
늘 어	於	於	於		於
농사 농	農	農	農		農

*曠遠綿邈 [광원면막] 산·벌판·호수 등의 아득하고 멀리 그리고 널리 줄지어 있음을 말함.
*巖岫杳冥 [암수묘명] 큰 바위와 멧부리가 묘연하고 아득함을 말함.
*治本於農 [치본어농] 다스리는 것은 농사를 근본으로 하니 중농정치를 이름.

訓音	楷書	行書 書草	펜글씨	筆順	楷書 펜글씨 練習
힘쓸 무	務	務	務		
이 자	兹	兹	兹		
심을 가	稼	稼	稼		
거둘 색	穡	穡	穡		
비로소 숙	俶	俶	俶		
실을 재	載	載	載		
남녘 남	南	南	南		
이랑 묘	畝	畝	畝		
나 아	我	我	我		
재주 예	藝	藝	藝		
기장 서	黍	黍	黍		
피 직	稷	稷	稷		

* 務玆稼穡 [무자가색] 때맞춰 심고 힘써 일하며 많은 수익을 거둔다.
* 俶載南畝 [숙재남묘] 비로소 남양의 밭에서 농작물을 배양한다.
* 我藝黍稷 [아예서직] 나는 기장과 피를 심는 일에 열중하겠다.

訓音	楷書	行草書書	펜글씨	筆順	楷書 펜글씨 練習
부세세	稅	稅稅	稅		稅
익을숙	熟	熟熟	熟		熟
바칠공	貢	貢貢	貢		貢
새 신	新	新新	新		新
권할권	勸	勸勸	勸		勸
상줄상	賞	賞賞	賞		賞
내칠출	黜	黜黜	黜		黜
올릴척	陟	陟陟	陟		陟
만맹	孟	孟孟	孟		孟
수레가	軻	軻軻	軻		軻
도타울돈	敦	敦敦	敦		敦
바탕소	素	素素	素		素

* 稅熟貢新 〔세숙공신〕 곡식이 익으면 부세하여 국용을 준비하고 신곡으로 종묘에 제사를 올린다.
* 勸賞黜陟 〔권상출척〕 농민의 의기를 앙양키 위하여 열심한자는 상주고 게으리한자는 출척하였다.
* 孟軻敦素 〔맹가돈소〕 맹자는 하늘에서 받은 소성을 지키려고 마음을 두텁게 길렀다.

訓音	楷書	行草 書書	펜글씨	筆順	楷書 펜글씨 練習				
사기사	史	史	史	ㅁノ人	史				
물고기어	魚	魚	魚	クワ二灬	魚				
잡을병	秉	秉	秉	二三一人	秉				
곧을직	直	直	直	一十日二	直				
무리서	庶	庶	庶	广廿灬	庶				
몇 기	幾	幾	幾	幺幺戈人	幾				
가운데중	中	中	中	ロ一	中				
떳떳할용	庸	庸	庸	一广ヨ二	庸				
수고로울로	勞	勞	勞	火火冖ク力	勞				
겸손겸	謙	謙	謙	言言兼	謙				
삼가할근	謹	謹	謹	言計堇	謹				
경계할칙	勅	勅	勅	一申八力	勅				

* 史 魚 秉 直 [사어병직] 사어라는 사람은 위나라 대부였으며 그 성격이 매우 강직하였다.
* 庶 幾 中 庸 [서기중용] 어떠한 일이나 언제나 중용을 두고 치우침이 없도록 하여야 한다.
* 勞 謙 謹 勅 [노겸근칙] 근로하고 겸손하며 삼가하고 신칙하면 중용의 도에 이른다.

訓音	楷書	行書草書	펜글씨	筆順	楷書 펜글씨 練習
들을령	聆	聆	聆	一二丁耳耳耳耵耶聆	聆
소리음	音	音	音	一立产音音音	音
살필찰	察	察	察	宀宀灾灾宛宛察	察
도리리	理	理	理	一二王理理理	理
거울감	鑑	鑑	鑑	金鑑	鑑
모양모	貌	貌	貌	貌	貌
분별할변	辨	辨	辨	辨	辨
빛색	色	色	色	色	色
끼칠이	貽	貽	貽	貝貽	貽
그궐	厥	厥	厥	厥	厥
아름다울가	嘉	嘉	嘉	嘉	嘉
꾀유	猷	猷		猷	猷

＊ 聆音察理〔영음찰리〕 소리를 듣고 그 거동을 살피니 조그마한 일이라도 주의하여야 한다.
＊ 鑑貌辨色〔감모변색〕 모양과 거동으로써 그 마음속을 분별할 수 있다.
＊ 貽厥嘉猷〔이궐가유〕 도리를 지키고 착함으로 자손에 좋은 것을 끼쳐야 한다.

訓音	楷書	行書 草書	펜글씨	筆順	楷書 펜글씨 練習				
힘쓸 **면**	勉	勉 勉	勉		勉				
그 **기**	其	其 其	其		其				
공경 **지**	祗	祗 祗	祗		祗				
심을 **식**	植	植 植	植		植				
살필 **성**	省	省 省	省		省				
몸 **궁**	躬	躬 躬	躬		躬				
나무 랄 **기**	譏	譏 譏	譏		譏				
경계 **계**	誡	誡 誡	誡		誡				
사랑할 **총**	寵	寵 寵	寵		寵				
더할 **증**	增	增 增	增		增				
겨룰 **항**	抗	抗 抗	抗		抗				
극진할 **극**	極	極 極	極		極				

＊勉 其 祗 植 〔면기지식〕 착한 것으로 자손에 줄것을 힘써야 하며 좋은 가정을 이루어라.
＊省 躬 譏 誡 〔성궁기계〕 기롱과 경계함이 있는가 염려하며 몸을 살피라.
＊寵 增 抗 極 〔총증항극〕 총애가 더할수록 교만한 태도를 부리지 말고 더욱 조심하여야 한다.

訓音	楷書	行書 草書	펜글씨	筆順	楷書 펜글씨 練習
위태 **태**	殆	殆	殆		殆
욕할 **욕**	辱	辱	辱		辱
가까울 **근**	近	近	近		近
부끄러울 **치**	恥	恥	恥		恥
수풀 **림**	林	林	林		林
언덕 **고**	皋	皋	皋		皋
다행 **행**	幸	幸	幸		幸
곤 **즉**	即	即	即		即
두 **량**	兩	兩	兩		兩
성길 **소**	疏	疏	疏		疏
볼 **견**	見	見	見		見
틀 **기**	機	機	機		機

* 殆辱近恥 [태욕근치] 총애를 받는다고 욕된 일을 하면 멀지 않아 위태함과 치욕이 온다.
* 林皋幸即 [임고행즉] 부귀할지라도 겸퇴하여 산간 수풀에서 편히 지내는 것도 다행한 일이다.
* 兩疏見機 [양소견기] 한 나라의 소광과 소수는 기틀을 보고 상소하고 낙향했다.

訓音	楷　書	行書 草書	펜글씨	筆順	楷書 펜글씨 練習					
풀 **해**	解	解	解		解					
인끈 **조**	組	組	組		組					
누구 **수**	誰	誰	誰		誰					
핍박할 **핍**	逼	逼	逼		逼					
찾을 **색**	索	索	索		索					
살 **거**	居	居	居		居					
한가할 **한**	閑	閑	閑		閑					
곳 **처**	處	處	處		處					
잠길 **침**	沈	沈	沈		沈					
잠잠할 **묵**	黙	黙	黙		黙					
고요할 **적**	寂	寂	寂		寂					
쓸쓸할 **료**	寥	寥	寥		寥					

＊解組誰逼 〔해조수핍〕 관의 끈을 풀어 사직하고 돌아가니 누가 핍박하리요.
＊索居閑處 〔색거한처〕 퇴직하여 한가한 곳에서 세상을 보냈다.
＊沈黙寂寥 〔침묵적료〕 세상에 나와서 교제하는 데도 언행에 침착해야 한다.

訓音	楷書	行書 草書	펜글씨	筆順	楷書 펜글씨 練習				
구할구	求	求	求	一十寸才永求	求				
예고	古	古	古	一十十古古	古				
찾을심	尋	尋	尋	尋	尋				
의논론	論	論	論	論	論				
흩을산	散	散	散	散	散				
생각려	慮	慮	慮	慮	慮				
노닐소	逍	逍	逍	逍	逍				
멀요	遙	遙	遙	遙	遙				
기쁠흔	欣	欣	欣	欣	欣				
아뢸주	奏	奏	奏	奏	奏				
더럽힐루	累	累	累	累	累				
보낼견	遣	遣	遣	遣	遣				

＊求古尋論 [구고심론] 예를 찾아 의론하고 고인을 찾아 토론한다.
＊散慮逍遙 [산려소요] 세상 일을 잊어버리고 자연속에 한가히 즐긴다.
＊欣奏累遣 [흔주루견] 기쁨은 아뢰고 더러움은 흘려 보낸다.

訓音	楷書	行書草書	펜글씨	筆順	楷書 펜글씨 練習					
슬플척	感	感	感		感					
사례사	謝	謝	謝		謝					
즐길환	歡	歡	歡		歡					
부를초	招	招	招		招					
개천거	渠	渠	渠		渠					
연꽃하	荷	荷	荷		荷					
꼭그러할적	的	的	的		的					
지낼력	歷	歷	歷		歷					
동산원	園	園	園		園					
풀망	莽	莽	莽		莽					
빼낼추	抽	抽	抽		抽					
곁가지조	條	條	條		條					

* 感謝歡招 [척사환초] 심중의 슬픈것은 없어지고 즐거움만 부른듯이 오게 된다.
* 渠荷的歷 [거하적력] 개천의 연꽃도 아름다우니 향기를 잡아볼만하다.
* 園莽抽條 [원망추조] 동산의 풀은 땅속 양분으로 가지가 벋고 크게 자란다.

訓音	楷書	行書 草書	펜글씨	筆順	楷書 펜글씨 練習				
비파나무 비	枇	枇 枇	枇	木-ㄴㄴ	枇				
비파나무 파	杷	杷 杷	杷	木ㄱ一ㄴ	杷				
늦을 만	晚	晚 晚	晚	日クⓒ儿	晚				
푸를 취	翠	翠 翠	翠	羽ㅗ쑈	翠				
오동 오	梧	梧 梧	梧	木ㄴ五ㅁ	梧				
오동 동	桐	桐 桐	桐	木冂ー二口	桐				
이를 조	早	早 早	早	冂ㄹーㅣ	早				
마를 조	彫	彫 彫	彫	冂士吉彡	彫				
베풀 진	陳	陳 陳	陳	阝申八	陳				
뿌리 근	根	根 根	根	木ㄴㄴⓒ	根				
시들어질 위	委	委 委	委	千人女	委				
가릴 예	翳	翳 翳	翳	ㄷ医殳羽	翳				

* 枇杷晚翠 [비파만취] 비파나무는 늦은 겨울에도 그 빛은 푸르다.
* 梧桐早彫 [오동조조] 오동 잎은 가을이 되면 다른 나무보다 먼저 마른다.
* 陳根委翳 [진근위예] 가을이 오면 오동뿐 아니라 고목의 뿌리는 시들어 마른다.

訓音	楷書	行書 草書	펜글씨	筆順	楷書 펜글씨 練習				
떨어질 **락**	落	落	落		落				
잎사귀 **엽**	葉	葉	葉		葉				
날릴 **표**	飄	飄	飄		飄				
날릴 **요**	颻	颻	颻		颻				
놀 **유**	遊	遊	遊		遊				
고니 **곤**	鵾	鵾	鵾		鵾				
홀로 **독**	獨	獨	獨		獨				
운전할 **운**	運	運	運		運				
업신여길 **릉**	凌	凌	凌		凌				
문지를 **마**	摩	摩	摩		摩				
붉을 **강**	絳	絳	絳		絳				
하늘 **소**	霄	霄	霄		霄				

* 落葉飄颻 〔낙엽표요〕 가을이 오면 낙엽이 펄펄 날리며 떨어진다.
* 遊鵾獨運 〔유곤독운〕 고니는 홀로 날아다닌다.
* 凌摩絳霄 〔능마강소〕 붉은 하늘은 업신여기듯 누비고 있다.

訓音	楷書	行書 草書	펜글씨	筆順	楷書 펜글씨 練習				
즐길 탐	耽	耽	耽		耽				
읽을독	讀	讀	讀		讀				
구경완	翫	翫	翫		翫				
저자시	市	市	市		市				
붙일우	寓	寓	寓		寓				
눈목	目	目	目		目				
주머니낭	囊	囊	囊		囊				
상자상	箱	箱	箱		箱				
쉬울이	易	易	易		易				
가벼울유	輶	輶	輶		輶				
바유	攸	攸	攸		攸				
두려울외	畏	畏	畏		畏				

* 耽讀翫市 〔탐독완시〕 한 나라의 왕충은 독서를 즐겨 저자에 가서 탐독하였다.
* 寓目囊箱 〔우목낭상〕 왕충이 한번 읽으면 잊지아니하여 글을 주머니나 상자에 둠과 같다고 하였다.
* 易輶攸畏 〔이유유외〕 군자는 앞뒤를 생각지 않고 가벼이 말함을 두려워한다.

訓音	楷書	行書 書草	펜글씨	筆順	楷書 펜글씨 練習					
붙일 **속**	屬	屬属	屬		屬					
귀 **이**	耳	耳耳	耳		耳					
담 **원**	垣	垣垣	垣		垣					
담 **장**	墻	墙墻	墻		墻					
갖출 **구**	具	具具	具		具					
반찬 **선**	膳	膳膳	膳		膳					
밥 **손**	飧	飧飧	飧		飧					
밥 **반**	飯	飯飯	飯		飯					
마침 **적**	適	適適	適		適					
입 **구**	口	口口	口		口					
채울 **충**	充	充充	充		充					
창자 **장**	腸	腸腸	腸		腸					

＊屬耳垣墻 [속이원장] 벽에도 귀가 있다는 말과 같이 경솔히 말하는 것을 조심하라.
＊具膳飧飯 [구선손반] 반찬을 갖추고 밥을 먹으니
＊適口充腸 [적구충장] 훌륭한 음식이 아니라도 입에 맞으면 배를 채운다.

訓音	楷書	行草書書	펜글씨	筆順	楷書 펜글씨 練習				
배부를포	飽	飽	飽		飽				
배부를어	飫	飫	飫		飫				
삶을팽	烹	烹	烹		烹				
재상재	宰	宰	宰		宰				
주릴기	飢	飢	飢		飢				
싫을염	厭	厭	厭		厭				
재강조	糟	糟	糟		糟				
겨 강	糠	糠	糠		糠				
친할친	親	親	親		親				
겨레척	戚	戚	戚		戚				
연고고	故	故	故		故				
옛 구	舊	舊	舊		舊				

* 飽飫烹宰 〔포어팽재〕 배부를 때에는 아무리 좋은 음식이라도 그 맛을 모른다.
* 飢厭糟糠 〔기염조강〕 반대로 배가 고플 때에는 겨와 재강도 맛있게 되는 것이다.
* 親戚故舊 〔친척고구〕 친은 동성지친이고 척은 이성지친이오 고구는 오랜 친구를 말한다.

訓音	楷 書	行書 書草	펜글씨	筆順	楷書 펜글씨 練習				
늙을로	老	老老	老	一十土耂老	老				
젊을소	少	少少	少	丿小小少	少				
다를이	異	異異	異	口曰田田里異異	異				
양식량	粮	粮粮	糧	丷半米粮糧	糧				
첩 첩	妾	妾妾	妾	立产安安妾	妾				
모실어	御	御御	御	彳徉徉御	御				
길쌈적	績	績績	績	糸糸糸績	績				
길쌈방	紡	紡紡	紡	糸糸糸紡	紡				
모실시	侍	侍侍	侍	亻侍侍侍	侍				
수건건	巾	中中	巾	口一巾	巾				
장막유	帷	帷帷	帷	巾忄帷帷	帷				
방 방	房	房房	房	戶戶房房	房				

* 老少異糧 [노소이량] 늙은이와 젊은이의 식사가 다르다.
* 妾御績紡 [첩어적방] 남자는 밖에서 일하고 여자는 안에서 길쌈을 짜니라.
* 侍巾帷房 [시건유방] 유방에서 모시고 수건을 받드니 처첩의 하는 일이다.

訓音	楷書	行草書	펜글씨	筆順	楷書 펜글씨 練習				
깁 환	紈	紈	紈	丝幺纟幺纟幺	紈				
부채 선	扇	扇扇	扇	门戶扇	扇				
둥글 원	員	員員	圓	冂員八二	圓				
맑을 결	潔	潔潔	潔	氵主糸小	潔				
은 은	銀	銀銀	銀	金艮	銀				
촛불 촉	燭	燭燭	燭	火蜀	燭				
빛날 위	煒	煒煒	煒	火韋	煒				
빛날 황	煌	煌煌	煌	火皇	煌				
낮 주	晝	晝晝	晝	尹聿旦一	晝				
잘 면	眠	眠眠	眠	目氏	眠				
저녁 석	夕	夕夕	夕	夕	夕				
잘 매	寐	寐寐	寐	宀爿未	寐				

* 紈扇圓潔〔환선원결〕깁부채는 둥글고 깨끗하다.
* 銀燭煒煌〔은촉위황〕은촛대의 촛불은 빛나서 휘황 찬란하다.
* 晝眠夕寐〔주면석매〕낮에 잠자고 밤에 일찍자니 한가한 사람의 일이다.

訓音	楷書	行草書書	펜글씨	筆順	楷書 펜글씨 練習
쪽 람	藍	藍藍	藍		藍
대순 순	筍	筍筍	筍		筍
코끼리 상	象	象象	象		象
평상 상	床	床床	床		床
줄 현	弦	絃絃	絃		絃
노래 가	歌	歌歌	歌		歌
술 주	酒	酒酒	酒		酒
잔치 연	讌	讌讌	讌		讌
이을 접	接	接接	接		接
잔 배	杯	杯杯	杯		杯
들 거	擧	擧擧	擧		擧
잔 상	觴	觴觴	觴		觴

* 藍筍象床 〔남순상상〕 푸른 대순과 코끼리상이니 즉 한가한 사람의 침대이다.
* 絃歌酒讌 〔현가주연〕 거문고를 타며 술과 노래로 잔치하니.
* 接杯擧觴 〔접배거상〕 작고 큰 술잔을 서로 주고 받으며 즐기는 모습이다.

訓音	楷書	行書草書	펜글씨	筆順	楷書 펜글씨 練習
들 교	矯	矯矯	矯		
손 수	手	手手	手		
구벅거릴돈	頓	頓頓	頓		
발 족	足	足足	足		
기쁠열	悅	悅悅	悅		
미리예	豫	豫豫	豫		
또 차	且	且且	且		
편안강	康	康康	康		
정실적	嫡	嫡嫡	嫡		
뒤 후	後	後後	後		
이을사	嗣	嗣嗣	嗣		
이을속	續	續續	續		

＊矯手頓足 〔교수돈족〕 손을 들고 발을 두드리며 춤을 춘다.
＊悅豫且康 〔열예차강〕 이상과 같이 마음편히 즐기고 살면 단란한 가정이다.
＊嫡後嗣續 〔적후사속〕 적실 즉 장남은 뒤를 계승하여 대를 이은다.

訓音	楷書	行草書書	펜글씨	筆順	楷書 펜글씨 練習			
제사제	祭	祭	祭		祭			
제사사	祀	祀	祀		祀			
찔증	蒸	蒸	蒸		蒸			
맛볼상	嘗	嘗	嘗		嘗			
조아릴계	稽	稽	稽		稽			
이마상	顙	顙	顙		顙			
두번재	再	再	再		再			
절배	拜	拜	拜		拜			
두려울송	悚	悚	悚		悚			
두려울구	懼	懼	懼		懼			
두려울공	恐	恐	恐		恐			
두려울황	惶	惶	惶		惶			

✱ 祭祀蒸嘗 [제사증상] 제사하되 겨울제사는 증이라 하고 가을 제사는 상이라 한다.
✱ 稽顙再拜 [계상재배] 이마를 조아려 선조에게 두번 절한다.
✱ 悚懼恐惶 [송구공황] 송구하고 공황하니 엄중·공경함이 지극함이라.

訓音	楷書	行書草書	펜글씨	筆順	楷書 펜글씨 練習			
편지전	箋	箋	箋		箋			
편지첩	牒	牒	牒		牒			
편지간	簡	簡	簡		簡			
구할요	要	要	要		要			
돌아볼고	顧	顧	顧		顧			
대답답	答	答	答		答			
살필심	審	審	審		審			
자세할상	詳	詳	詳		詳			
뼈해	骸	骸	骸		骸			
때구	垢	垢	垢		垢			
생각할상	想	想	想		想			
목욕할욕	浴	浴	浴		浴			

* 箋牒簡要〔전첩간요〕 글과 편지는 간략함을 요한다.
* 顧答審詳〔고답심상〕 편지의 회답도 자세히 살펴 써야 한다.
* 骸垢想浴〔해구상욕〕 몸에 때가 끼면 목욕할 것을 생각한다.

訓音	楷書	行書草書	펜글씨	筆順	楷書 펜글씨 練習				
잡을집	執	執執	執	흙二九	執				
뜨거울열	熱	熱热	熱	圥坴執灬	熱				
원할원	願	願忿	願	厂原頁八 二厂八	願				
서늘할랑	凉	凉凉	凉	二百	凉				
나귀려	驢	驢驴	驢	馬盧	驢				
노새라	騾	騾骡	騾	馬累	騾				
송아지독	犢	犢犊	犢	牜賣	犢				
특별할특	特	特牸	特	牜寺	特				
놀랄해	駭	駭骇	駭	馬亥	駭				
뛸약	躍	躍躍	躍	足翟	躍				
뛰어넘을초	超	超超	超	走召	超				
달릴양	驤	驤骧	驤	馬襄	驤				

* 執熱願凉 〔집열원량〕 더우면 서늘하기를 원한다.
* 驢騾犢特 〔여라독특〕 나귀와 노새와 송아지 즉 가축을 말함.
* 駭躍超驤 〔해약초양〕 뛰고 달리며 노는 가축의 모습을 말함.

訓音	楷書	行書 草書	펜글씨	筆順	楷書 펜글씨 練習			
벨 **주**	誅	誅誅	誅	言言言言人	誅			
벨 **참**	斬	斬斬	斬	車車斬斬	斬			
도둑 **적**	賊	賊賊	賊	貝貝賊賊	賊			
도둑 **도**	盜	盜盜	盜	次次盗盜盜	盜			
잡을 **포**	捕	捕捕	捕	扌扩捐捐捕	捕			
얻을 **획**	獲	獲獲	獲	犭犷犭獲獲	獲			
배반할 **반**	叛	叛叛	叛	半半叛叛	叛			
도망 **망**	亡	亡亡	亡	亠亡	亡			
베 **포**	布	布布	布	一ナ才布布	布			
쏠 **사**	射	射射	射	身身射射	射			
동관 **료**	遼	遼遼	遼	尞尞遼遼	遼			
탄자 **환**	丸	丸丸	丸	丿九丸	丸			

* 誅斬賊盜 〔주참적도〕 역적과 도적을 베어 물리치고.
* 捕獲叛亡 〔포획반망〕 배반하고 도망하는 자를 잡아 죄를 다스린다.
* 布射遼丸 〔포사료환〕 한나라 여포는 화살을 잘 쐈고 의료는 탄자를 잘 던졌다.

訓音	楷書	行書草書	펜글씨	筆順	楷書 펜글씨 練習
메 혜	嵇	嵇	嵇		
거문고 금	琴	琴	琴		
성 완	阮	阮	阮		
휘파람 소	嘯	嘯	嘯		
편안 염	恬	恬	恬		
붓 필	筆	筆	筆		
인륜 륜	倫	倫	倫		
종이 지	紙	紙	紙		
설흔군 균	鈞	鈞	鈞		
공교할 교	巧	巧	巧		
맡길 임	任	任	任		
낚시 조	釣	釣	釣		

＊嵇琴阮嘯 [혜금완소] 위국 혜강은 거문고를 잘 타고 완적은 휘파람을 잘 불었다.
＊恬筆倫紙 [염필륜지] 진국 몽염은 토끼털로 처음 붓을 만들고　후한 채윤은 처음 종이를 만들었다.
＊鈞巧任釣 [균교임조] 위국 마균은 지남거를 만들고 전국시대 임공자는 낚시를 만들었다.

訓音	楷書	行書 書草	펜글씨	筆順	楷書 펜글씨 練習
풀 **석**	釋	釋 釋	釋	釋筆順	釋
어지러울 **분**	紛	紛 孫	紛	紛筆順	紛
이할 **리**	利	利 利	利	利筆順	利
풍속 **속**	俗	俗 俗	俗	俗筆順	俗
아우를 **병**	並	並 並	並	並筆順	並
다 **개**	皆	皆 皆	皆	皆筆順	皆
아름다울 **가**	佳	佳 佳	佳	佳筆順	佳
묘할 **묘**	妙	妙 妙	妙	妙筆順	妙
털 **모**	毛	毛 毛	毛	毛筆順	毛
베풀 **시**	施	施 施	施	施筆順	施
맑을 **숙**	淑	淑 淑	淑	淑筆順	淑
모양 **자**	姿	姿 姿	姿	姿筆順	姿

＊釋 紛 利 俗 〔석분리속〕 이상 팔인의 재주를 다하여 어지러움을 풀어 풍속에 이롭게 하였다.
＊並 皆 佳 妙 〔병개가묘〕 모두가 아름다우며 묘한 재주를 가졌다.
＊毛 施 淑 姿 〔모시숙자〕 모는 오의 모장이라는 여자이고 시는 월의 서시라는 여자인데 모두 절세미인이었다.

訓音	楷書	行書草書	펜글씨	筆順	楷書 펜글씨 練習
장인공	工	工工	工	一ノ一	工
찡그릴빈	嚬	嚬嚬	嚬		嚬
고울연	姸	姸姸	姸		姸
웃음소	咲	笑嚬	笑		笑
해년	年	年年	年		年
살시	矢	矢矢	矢		矢
매양매	每	每每	每		每
재촉최	催	催催	催		催
기운희	義	義義	義		義
햇빛휘	暉	暉暉	暉		暉
밝을랑	朗	朗朗	朗		朗
빛날요	曜	曜曜	曜		曜

＊工 嚬 姸 笑 〔공빈연소〕묘하게 찡그리는 모습조차 아름다우니 웃을 때는 더욱더 아름다왔다.
＊年 矢 每 催 〔연시매최〕세월이 빠른 것을 말함. 즉 살같이 매양 재촉한다.
＊義 暉 朗 曜 〔희휘랑요〕태양 빛과 달빛은 온 세상을 비추어 만물에 혜택을 주고 있다.

訓音	楷書	行書草書	펜글씨	筆順	楷書 펜글씨 練習
옥돌선	璇		璇		璇
구슬기	璣		璣		璣
달릴현	懸		懸		懸
돌 알	斡		斡		斡
그믐회	晦		晦		晦
넋 백	魄		魄		魄
고리환	環		環		環
비칠조	照		照		照
손가락지	指		指		指
나무신	薪		薪		薪
닦을수	修		修		修
도울우	祐		祐		祐

* 璇璣懸斡 [선기현알] 구슬로 만든 혼천의가 공중에 매달려 돌고 있다.
* 晦魄環照 [회백환조] 달은 그믐이 되면 빛이 없어졌다가 돌면서 보름이 되면 다시 밝은 빛을 낸다.
* 指薪修祐 [지신수우] 불타는 나무와 같은 정열로 도리를 닦으면 복을 얻는다.

訓音	楷書	行書草書	펜글씨	筆順	楷書 펜글씨 練習
길 영	永	永永	永	﹀フ丶	永
편안유	綏	綏綏	綏	纟纟纟爪	綏
길할길	吉	吉吉	吉	一十口	吉
높을소	劭	劭劭	邵	フ丿몸乛	邵
법 구	矩	矩矩	矩	仁大戸크	矩
걸음보	步	步步	步	止丶刁丿	步
끌 인	引	引引	引	フ弓丨	引
차지할령	領	領領	領	今刄貝	領
구부릴부	俯	俯俯	俯	亻广广	俯
우러를앙	仰	仰仰	仰	亻卬乛	仰
행랑랑	廊	廊廊	廊	亠户良	廊
사당묘	廟	廟廟	廟	亠户廿月	廟

* 永綏吉邵 〔영유길소〕 그리고 영구히 편안하고 길함이 높으리라.
* 矩步引領 〔구보인령〕 걸음을 바로 걷고 따라서 얼굴도 바르니 위의가 당당하다.
* 俯仰廊廟 〔부앙랑묘〕 항상 낭묘에 있는 것으로 생각하고 머리를 숙여 예의를 지키라.

訓音	楷書	行書草書	펜글씨	筆順	楷書 펜글씨 練習			
묶을속	束	束 束	束	一口八人	束			
띠 대	帶	帶 帶	帶	一卅卅帯帯	帶			
자랑긍	矜	矜 矜	矜	マヲりム矜	矜			
씩씩할장	庄	庄 庄	莊	艹壮莊	莊			
배회배	徘	徘 俳	徘	彳彳徘	徘			
배회회	徊	個 個	徊	彳彳回徊	徊			
볼 첨	瞻	瞻 瞻	瞻	目 瞻	瞻			
볼 조	眺	眺 眺	眺	目 眺	眺			
외로울고	孤	孤 孤	孤	孑 孤	孤			
더러울루	陋	陋 陋	陋	阝 陋	陋			
적을과	寡	寡 寡	寡	宀 寡	寡			
들을문	聞	聞 聞	聞	門 聞	聞			

＊束帶矜莊 [속대긍장] 의복에 주의하여 단정히 함으로써 긍지를 갖는다.
＊徘徊瞻眺 [배회첨조] 이리저리 거닐며 바라보는 것도 모두 예의에 어긋남이 없이 한다.
＊孤陋寡聞 [고루과문] 하등의 식견도 재능도 없다. 천자문 저자가 자기 자신을 겸손해서 말한 것임.

訓音	楷書	行書書草	펜글씨	筆順	楷書 펜글씨 練習				
어리석을 **우**	愚	愚	愚	昌心芸	愚				
어릴 **몽**	蒙	蒙	蒙	芸家	蒙				
무리 **등**	等	等	等	竺午寸	等				
꾸짖을 **초**	誚	誚	誚	言肖	誚				
이를 **위**	謂	謂	謂	言胃月	謂				
말씀 **어**	語	語	語	言吾	語				
도울 **조**	助	助	助	且力	助				
놈 **자**	者	者	者	土日	者				
어찌 **언**	焉	焉	焉	正馬	焉				
어조사 **재**	哉	哉	哉	土戈口	哉				
온 **호**	乎	乎	乎	丷一ノ	乎				
어조사 **야**	也	也	也	乁乚	也				

* 愚蒙等誚 〔우몽등초〕 적고 어리석어 몽매함을 면치 못한다는 것을 말함.
* 謂語助者 〔위어조자〕 어조라 함은 한문의 조사 즉 다음 글자이다.
* 焉哉乎也 〔언재호야〕 언·재·호·야 이 네 글자는 즉 어조사이다.